Peter Forster

Bomben auf Beirut – Raketen auf Haifa

Israel im Krieg mit der Hisbollah

Szenen und Eindrücke aus erster Hand

Verlag Huber
Frauenfeld Stuttgart Wien

Bibliografische Information der Deutschen Bibliothek
Die Deutsche Bibliothek verzeichnet diese Publikation in der
Deutschen Nationalbibliografie; detaillierte bibliografische Daten
sind im Internet über http://dnb.ddb.de abrufbar.
  ISBN 10: 3-7193-1423-5
  ISBN 13: 978-3-7193-1423-1

Umschlag und grafische Gestaltung: Arthur Miserez, Frauenfeld
Gesamtherstellung: Huber PrintPack AG, CH-8501 Frauenfeld
Einband: Buchbinderei Schumacher, Schmitten
Printed in Switzerland

Inhalt

Vorwort

«Wir drehen den Libanesen die Uhr um zwanzig Jahre zurück.» (Dan Halutz, israelischer Generalstabschef)

«Wahrlich, Hisbollah wird der Sieger sein.» (Wahlspruch auf der Hisbollah-Fahne)

Am 12. Juli 2006 schlug die Hisbollah um 9.05 Uhr jäh zu. Die «Partei Gottes» nahm an der libanesischen Südgrenze israelische Stellungen und Orte unter Beschuss. Im Dorf Shelomi verletzten Mörsergranaten fünf Einwohner.

Das Minenwerferfeuer sollte die israelischen Grenztruppen vom Überfall ablenken, den die «Gotteskrieger» gleichzeitig auf eine israelische Grenzpatrouille führten. Im Norden der Ortschaft Zarit durchbrach ein Hisbollah-Commando den Grenzzaun. Der Stosstrupp zertrümmerte mit RPG-Panzerfäusten zwei Humwee-Streifenfahrzeuge.

Drei Soldaten starben auf der Stelle, drei wurden verwundet. Zwei der Verletzten, die Soldaten Ehud Goldwasser und Eldad Regev, wurden über die Grenze in den Libanon geschleppt. Mit Merkawa-2-Panzern nahmen die Israeli die Verfolgung auf. Ein Merkawa flog in die Luft, als er in einem Sprengtunnel auf eine

400-Kilo-Mine fuhr. Der Wagenkommandant und die drei Panzersoldaten kamen um. Wie es die israelische Tradition gebietet, suchte ein Rettungstrupp die Gefallenen zu bergen. Im Gefecht mit der Hisbollah fiel ein weiterer Israeli. Im Ganzen liessen acht Israeli ihr Leben, sechs wurden teils schwer verwundet – und zwei verschleppt.

Der beiden Entführten wurden die israelischen Verfolger nicht mehr habhaft. Ehud Goldwasser und Eldad Regev verschwanden irgendwo im Libanon – und vielleicht sogar in einem anderen Land. Mit der Verschleppung der beiden Soldaten hatte die Hisbollah ein erstes Ziel erreicht: Israel war gedemütigt, Israel war provoziert, und Israel musste reagieren.

In Jerusalem entschied sich Ministerpräsident Ehud Olmert innert einer halben Stunde zum Krieg. Vom 12. Juli an schlug Israel hart zurück, namentlich mit der Luftwaffe. Am Tag der Entführung schoss die Hisbollah mehrere Dutzend Katjuscha-Raketen nach Galiläa und in Richtung der Hafenstadt Haifa. Olmert verkündete, er wolle die Verschleppten befreien und Israel werde die Hisbollah-Stellungen in ganz Libanon ausschalten.

In Tel Aviv erläuterte Oberst Gal Luft die israelische Strategie wie folgt: «Israel treibt einen Keil zwischen das libanesische Volk und die Hisbollah. Wir fordern von der Elite in Beirut einen hohen Preis. Unsere Botschaft lautet: Wenn euer Klimagerät laufen soll und wenn ihr nach Paris zum Einkaufen fliegen wollt, dann müsst ihr den Kopf aus dem Sand ziehen und der Hisbollah das Handwerk legen.» Die israelischen Piloten griffen Ziele nicht nur im Südlibanon an; von Anfang an warfen sie Bomben auch auf die Hisbollah-Stützpunkte in Beirut.

Am 14. August, nach 33 Kriegstagen, hatte Israel die Hisbollah empfindlich geschwächt. Aber zerschlagen war die «Partei Gottes» nicht. Noch am letzten vollen Kampftag, am 13. August, feuerte sie 250 Raketen über die Grenze – mehr denn je zuvor. Sie führte den Israeli vor Augen: Wir sind noch da, wir haben widerstanden, wir können Israel jederzeit mit unseren Geschossen belegen.

Und Ehud Goldwasser und Eldad Regev waren noch immer in Hisbollah-Hand.

Kurz vor dem Krieg reiste ich mit einem schiitischen Begleiter und zwei Schweizern quer durch das Hisbollah-Land. Wir führten Gespräche in Beirut, Tyr und Naqoura. Auf der ECHO-Strasse der UNTSO-Militärbeobachter fuhren wir die gesamte israelische Grenze ab – vom Mittelmeer am Rosh Hanikra bis Kfar Kila unmittelbar gegenüber dem nordgaliläischen Grenzort Metulla. In Bayada sahen wir sechs Hisbollah-Kämpfer, bei Khiam den UNO-Bunker, in dem am 25. Juli ein Finne, ein Kanadier, ein Chinese und ein Österreicher ums Leben kamen. Bei Jeidat Yabus überquerten wir die Grenze nach Syrien.

In Damaskus, auf dem Golan in Kuneitra und in der jordanischen Hauptstadt Amman begegneten wir erfahrenen Diplomaten und Offizieren, welche die Lage nüchtern einschätzten. Wir durften auch mit jungen Menschen reden, die behutsam eine gewisse Hoffnung ausstrahlten – die Hoffnung auf Ausgleich, auf Versöhnung, auf Frieden gar. In Syrien und Jordanien drückten Frauen und Männer ihre Sehnsucht nach offenen Grenzen aus, nach Handel und Wandel, nach Vertrauen und Kooperation.

Nur wenig später fielen Raketen auf Haifa und Bomben auf Beirut. Wieder befand ich mich an der Grenze, diesmal auf galiläischen Strassen und in israelischen Dörfern. Ich erlebte die Geisterstädte im Norden, die Flüchtlinge und die Älteren, die im Raketenhagel ausharrten. Und ich beobachtete – frei wie noch nie in einem Krieg – die israelische Armee in ihrem Kampf mit den «Gotteskriegern».

Von all dem ist in den folgenden Reportagen und Analysen die Rede. Es sind Szenen und Beobachtungen aus erster Hand. Weder erheben sie Anspruch auf Vollständigkeit noch wollen sie die Ereignisse abschiessend beurteilen. Es sind erste Eindrücke, mehr nicht. Das Schwergewicht liegt auf Israel. Gezeigt werden vorrangig der Staat Israel und seine Armee im Krieg.

Wie eine Zeitung muss ein Buch einmal abgeschlossen werden. Bei Redaktionsschluss des vorliegenden Bandes ist noch offen, wohin der Konflikt zwischen Israel und der Hisbollah, Syrien und Iran treibt – viel Gutes verheissen die Nachrichten aus dem Kampfgebiet nicht.

Salenstein, 30.August 2006   *Peter Forster*

1 Zarit, 12. Juli 2006: Das Pulverfass explodiert

«Nasrallah wird mich noch kennen lernen.» (Amir Peretz, Verteidigungsminister von Israel)

In den südlichen 1000 Quadratkilometern des Staates Libanon überlagern sich fünf Kräfte. Offiziell gehört das zerklüftete, unwegsame Land zur Republik Libanon. *De facto* gehört es der schiitischen Hisbollah, der «Partei Gottes». Als weitere Kraft hat der Staat Israel ein vitales Interesse an allem, was an seiner Nordgrenze geschieht. In den Palästinenserlagern verharrt die Fatah, und eine fünfte Grösse könnten die UNO-Truppen bilden, wenn sie ein robustes Mandat besässen.

Schwache Regierungstruppen

An den Strassenkreuzungen sind gemischte Posten der Regierung postiert. In der Regel bestehen sie aus einem Polizisten und einem Soldaten, die verschiedene Kampfanzüge tragen. Vor ihren Holzhüttchen nehmen sie sich aus wie Schildwachen aus einer anderen Zeit.

Die Regierungsposten denken nicht daran, das Land zu kontrollieren, geschweige denn zu beherrschen. Sie sind nur präsent, für Ruhe und Ordnung sorgen sie nicht. Namentlich versuchten sie noch nie, die Hisbollah zu entwaffnen. Die Offiziere sind in der Regel maronitische Christen, unter dem Fussvolk finden sich auch Schiiten. Das Material ist veraltet, die Ausbildung ungenügend. Über die Motivation lässt sich streiten – hoch steht sie namentlich bei den schiitischen Einheiten nicht. Gegen die Hisbollah vorgehen wollen und können sie nicht.

Seit 2000: Hisbollah-Land

In Tat und Wahrheit gehört der Südlibanon seit dem israelischen Rückzug vom 24. Mai 2000 den Hisbollah-Milizen. Bis zum Juni 1982 war der gebirgige Landstreifen entlang der galiläischen Grenze Fatah-Land, in der Hand der Palästinensischen Befreiungsorganisation PLO. Seit dem Jahr 2000 indessen spricht man zu Recht vom Hisbollah-Land.

Von den sechs Hisbollah-Kämpfern, denen wir in Bayada begegneten, trugen zwei die schwarze Uniform der «Gotteskrieger» und vier den gefleckten Kampfanzug in den Farben der Landschaft. Wie seinerzeit die Mudschahedin in Bosnien hatten sie grüne Bänder um die Stirn geschlungen. Sie waren schwer bewaffnet und führten ein Geländefahrzeug und zwei Motorräder ohne Nummernschilder bei sich.

Bis 2000: Israels Armee

Als dritte Kraft war die israelische Armee von 1978 an immer wieder in den Südlibanon vorgestossen. Vom Sommer 1982 an hatten die Israeli das Land bis hinauf zum Litani-Fluss fast beherrscht. Sie zogen sich erst zurück, als die Zahl der Gefallenen die Grenze von

1000 überschritt. Die Hisbollah war 1982 gegründet worden, und von Anfang an setzten die Fedayin den israelischen Besatzern zu. Der israelische Rückzug erfolgte dann so überstürzt, dass sich Israels libanesische Verbündete im Süden im Stich gelassen fühlten.

Auch nach dem Rückzug beschafften die Israeli Nachrichten nördlich ihrer Grenze. Sie setzten Drohnen, Aufklärungsflugzeuge und Agenten ein. Eigentlich hätten die Israeli über die Lage im geräumten Land Bescheid wissen müssen. Aber am 12. Juli 2006 wurden sie überrascht. Weder waren sie auf den Überfall des Stosstrupps gefasst noch kannten sie die wahre Stärke der Hisbollah. Als sie mit der Luftwaffe losschlugen, glaubten sie, die gegnerischen Katjuscha-Werfer aus der Luft ausschalten zu können. Dies erwies sich als trügerische Hoffnung.

Fatah in den Lagern

Noch nicht verschwunden ist als vierte Kraft die palästinensische Fatah, auch wenn sie 1982 fast vertrieben wurde: Die ehemaligen Arafat-Truppen unterhalten in südlibanesischen Flüchtlingslagern nach wie vor Stützpunkte.

Den stärksten Rückhalt besitzt die Fatah in Ejnal-Hilweh zwischen Saida und Tyr. Rund 110 000 Flüchtlinge leben im elenden Camp. Den zweiten Fatah-Stützpunkt bildet das Lager von Rashidiyah wenige Kilometer südlich von Tyr. Nie gelang es den libanesischen Ordnungskräften, in den abgeschotteten Lagern die dort reichlich vorhandenen Waffen zu räumen.

Nach UNO-Berichten lagern in Ejn-al-Hilweh und Rashidiyah auch panzerbrechende Waffen. Während der Kämpfe vom 12. Juli bis zum 14. August 2006 verhielten sich die Palästinenser ruhig. Ihre Lager dienten der Hisbollah mindestens nicht in erheblichem Ausmass als Raketenabschussstellungen.

Machtlose UNO-Truppen

Die fünfte Kraft könnten die Vereinten Nationen bilden. Seit 1978 soll die UNIFIL, die United Nations Interim Force in Lebanon, das Grenzland sichern. Aber die Friedenstruppe ist zu schwach. Frankreich, Ghana, Indien, Irland, Italien, Polen und die Ukraine stellen in unterschiedlichem Umfang Einheiten. Rund 1980 Mann umfasst die UNIFIL. Im Verlauf eines Vierteljahrhunderts verlor sie fast 250 Soldaten.

Während des Krieges vom Sommer 2006 war die UNO-Streitmacht dazu verurteilt, die Kämpfe Gewehr bei Fuss zu beobachten. Mehr konnten das indische und das ghanaische Bataillon nicht tun. In den Brennpunkt sollte die UNIFIL erst wieder rücken, nachdem ihr der Sicherheitsrat der Vereinten Nationen in der Resolution 1701 eine verstärkte tragende Rolle zugesprochen hatte.

Asymmetrischer Konflikt

Der jähe Ausbruch der Kampfhandlungen zwischen der Hisbollah und Israel entspricht dem klassischen Muster des asymmetrischen Konflikts. Wie an der Grenze zum Gaza-Streifen begann es mit einem Nadel-

14

stich. Hisbollah-Kämpfer durchbrachen die israelische Grenzanlage, die aus einem Zaun, Stacheldraht, modernen Sensoren und einem breiten Sandstreifen besteht. Es waren nur wenige Angreifer, aber sie trafen Israel ins Mark.

Nach einer alten Militärtradition lässt die israelische Armee einen Gefangenen, einen Verwundeten oder einen Gefallenen nie im Stich. Seit dem Unabhängigkeitskrieg von 1948/49 haben die israelischen Streitkräfte unerhörte Anstrengungen unternommen, um Verletzte oder Tote zurückzuholen. Sie haben dabei schwere Opfer erlitten. Aber den Grundsatz, einen Kameraden nie liegen zu lassen, haben sie stets durchgehalten.

Gegen Hamas und Hisbollah

Nachdem am 25. Juni 2006 der 19-jährige Korporal Gilad Shalit durch einem Tunnel in den Gaza-Streifen geschleppt worden war, antwortete Israel mit Panzern, Artillerie, Kampfflugzeugen und Kampfhelikoptern. Brücken wurden zerstört und Kraftwerke lahmgelegt. Auch wenn dadurch der junge Unteroffizier nicht befreit wurde, sollten die Hamas-Kämpfer und die Hamas-Regierung im Autonomiegebiet scharf bestraft werden.

Noch härter schlägt Israel jetzt gegen die Hisbollah zu. Hinter der schiitischen Untergrundbewegung steht Iran – der Staat, dessen Präsident Mahmut Ahmadinedjad schon mehrfach zur Vernichtung Israels aufgerufen hat. Von der Hisbollah fühlt sich Israel noch stärker bedroht als durch die Hamas. Iran treibt nach israelischer Auffassung eine Raketen- und Atomrüstung voran, die dereinst die Grossstadt Tel Aviv bedrohen könnte. Auch die Hisbollah verfügt über eigene Raketen, die vom Südlibanon aus bis zur israelischen Hafenstadt Haifa reichen. Haifa liegt 40 Kilometer von der Grenze entfernt.

Bomben auch auf Beirut

Die israelische Luftwaffe bombardiert jetzt nicht nur Hisbollah-Stützpunkte; sie greift auch zivile libanesische Ziele an. Israelische Flieger warfen Bomben auf die Pisten des neuen Hariri-Flugplatzes von Beirut. Präzisionswaffen unterbrachen Brücken und Strassenverbindungen im Südlibanon. Die israelische Attacke trifft ein Land, das nach langem, blutigem Bürgerkrieg sein labiles Gleichgewicht gerade wieder gefunden zu haben schien.

Israel macht die schwache libanesische Regierung dafür verantwortlich, dass sie die Hisbollah- und die Fatah-Truppen nie entwaffnete und sie gewähren liess. Die israelischen Streitkräfte attackieren die Führung des prekären Zedernstaates Libanon dafür, dass sie zuliess, dass der Süden des Landes zum Hisbollah-Land absank und als Aufmarschraum gegen Israel dienen konnte.

Israel schlägt auf ein Regime ein, das nicht in allen Volksgruppen, Religionen und Denominationen des Landes Rückhalt besitzt. Allerdings schliessen sich in Beirut die Reihen. Das unablässige Bombardement der Hauptstadt lässt die rivalisierenden Clans und Parteien wieder näher zusammenrücken. Die Bomben zwingen zur Solidarität, auch wenn sich Christen, Sunniten und Drusen fragen, ob die Hisbollah all das wert ist.

Zwei Zivilisten am Ruder

In Israel regiert zum ersten Mal seit langer Zeit wieder ein Premierminister, der weder Truppenführer noch Generalstabschef war: Ehud Olmert stand als Bürgermeister der Hauptstadt Jerusalem vor, bevor er als politischer Freund von Ariel Sharon ins Kabinett eintrat.

Ebenso weist der Verteidigungsminister keine militärische Erfahrung auf: Amir Peretz, der Chef der Arbeiterpartei, führte die Gewerkschaft Histadrut, bis er mit Olmert das Regierungsbündnis schloss. Bei Amtsantritt umgab er sich mit einem Rat von militärischen «Weisen», an dessen Spitze er den ehemaligen Generalstabschef Amon Lipkin-Shahak setzte. Die früheren Generäle sollten die Defizite des Ministers wettmachen.

Martialisches Auftreten

Um so kriegerischer treten Olmert und Peretz nun auf. Die beiden «Zivilisten» wollen beweisen, dass auch sie mit eiserner Faust zuschlagen können. Peretz prahlt, Scheich Hassan Nasrallah, der geistliche und politische Führer der Hisbollah, werde ihn noch kennen lernen.

An der Spitze der Streitkräfte steht General Dan Halutz, der frühere Kommandant der israelischen Luftwaffe. Vor dem Krieg galt er als überlegter Mann, der rasch und kaltblütig handelte, wenn ihm die politische Führung einen Auftrag erteilte. Halutz war der Vertraute von Ariel Sharon, der ihn am 1. Juni 2005 als Befehlshaber eingesetzt hatte. Sharon hatte sich mit Moshe Yaalon, dem alten Generalstabschef überworfen, weil dieser Zweifel am Rückzug aus dem Gaza-Streifen geäussert hatte.

Der erste Flieger

Im Heer war die Ernennung des Piloten Halutz nicht nur auf Zustimmung gestossen. Halutz war der erste Flieger überhaupt, der die höchste Stufe erklomm. Am 4. Januar 2006 streckte ein Hirnschlag den Premierminister Ariel Sharon nieder, der von 1948/49 an in allen Kriegen Israels Entscheidungen über Leben und Tod getroffen hatte.

Mit dem spröden Olmert wurde Halutz nicht mehr warm. Olmert befasste sich mit der Armee nur am Rande. Als am 12. Juli die Krise ausbrach, mussten Olmert und Peretz auf Halutz vertrauen, ohne dass sie ihn wirklich kannten.

Probleme hatte Halutz auch mit Generalmajor Udi Adam, einem erfahrenen Truppenführer, der die Nordfront kommandierte; Adam war ein erfahrener Heeresgeneral und widersprach dem Piloten Halutz. Zum stellvertretenden Generalstabschef ernannte Halutz Generalmajor Moshe Kaplinsky, einen Mann, dem er vertraute.

2   Avivim, 19. Juli 2006:
Israel stösst vor

«Fahrt zur Hölle, ihr Hisbollah, lange genug
habt ihr uns bedroht» (Shimon Malka,
Moschaw-Bauer, Avivim)

Tel Aviv funktioniert auch im Krieg. Zwar sind die
Hotels überfüllt. Wer es sich leisten kann, ist aus Haifa,
Naharia und dem galiläischen Grenzland im Norden
geflohen. Im Lift spielen Kinder, und die Eltern sehnen
den Tag herbei, an dem die israelische Armee die
Hisbollah so weit zurückgedrängt hat, dass die Regierung Entwarnung geben kann.

«Wer weiss, wann das ist», seufzt eine Mutter,
«wir bleiben hier in Tel Aviv, bis keine Raketen mehr
kommen.» Sonst aber pulsiert das Leben in Israels
weltlicher Metropole, die niemals schläft.

Geisterstadt Haifa
In Haifa ist nur noch auf der Strasse, wer dort unbedingt sein muss. Der Handelshafen ist geschlossen, die
Raffinerien wurden geleert. Die Chemiewerke stehen
still. Ein Volltreffer auf eine der explosiven Anlagen
risse die Stadt in die Katastrophe.

Naharia, der mondäne Badeort auf dem Weg zur
Grenze, wirkt wie ausgestorben. An der Strandprome-
nade haben die Läden die Gitter heruntergelassen, ein-

sam schlendert eine ältere Frau mit einem Sack voller Orangen durch die Allee.

Wie überall sind es die Betagten, die in der Not ausharren. Ein Greis berichtet, als Kind habe er im Oktober 1917 die bolschewistische Revolution überlebt und dann alle Kriege gegen die Araber. Israel ist ein Familienland. Die Polizei schätzt, dass im Norden ein Drittel der Bevölkerung geflohen ist. Die Presse spricht von der Hälfte. Viele Flüchtlinge finden Unterschlupf bei Verwandten.

Geschützdonner

Im Landesinnern ist am 19. Juli dumpf die Artillerie zu hören. Es ist der erste Tag der begrenzten Bodenoffensive, in der die israelische Armee gezielte Schläge gegen Hisbollah-Stellungen im Südlibanon führt. Vom Mittelmeer bis zum Hule-Tal hat die Artillerie ihre schweren Geschütze aufgereiht. Fast ununterbrochen nehmen die 155-, 175- und 203-Millimeter-Rohre die Hisbollah-Nester nördlich der libanesischen Grenze unter Beschuss. Die 175-Millimeter-Langrohre reichen tief ins Hinterland hinein. Im israelischen Dispositiv sind sie zurückgestaffelt; einzelne Batterien haben 28 Kilometer hinter der Grenze Stellung bezogen.

Beim Moschaw Avivim – dort, wo die Waffenstillstandslinie von 1948/49 den 90-Grad-Winkel nach Norden macht – ertönt scharf knatternd Infanteriefeuer, einzeln und in Serie. Das Tor zur kreisrund angelegten Kollektivsiedlung steht offen. Am Nordrand des Dorfes, rund 300 Meter vom Grenzzaun entfernt, beobachten zwei alte, mit Pistolen bewaffnete Bauern vom Kellerfenster ihres Hauses aus, was sich in der breiten, lang gestreckten Mulde unterhalb des Dorfes abspielt.

«Fahrt zur Hölle»

Shalom Malka, der eine der Bauern, kommentiert lebhaft das Gefecht. Israelische Panzergrenadiere vertreiben die Hisbollah aus der Geländekammer an der Grenze. Jubelnd nehmen Malka und Shimon Bitutu, sein Nachbar, die Treffer der Artillerie auf, deren Granaten mitten in einem Olivenhain einschlagen: «Fahrt zur Hölle, ihr Hisbollah, lange genug habt ihr uns bedroht.» Bitutu berichtet, monatelang habe er ennet dem Grenzzaun den Betonmischer mahlen gehört: «Aber am Schluss stand kein Haus da, gar nichts, alles ging in den Boden.»

Gegen Mittag steht die Sonne hoch über der Levante. Es ist ein beklemmendes Schauspiel, das sich von 11.45 Uhr an wie in einem Freilufttheater abspielt. Die Hisbollah-Kämpfer – zähe, unerschrockene «Gotteskrieger» – halten im Gefechtsabschnitt noch drei Stützpunkte: einen links am Berghang, zwei rechts, den einen in den Olivenbäumen, den anderen in einem ausgetrockneten Bachbett.

Hoch am Himmel kreist surrend eine Drohne, ein unbemanntes Flugzeug, das dem taktischen Kommandanten, dem Chef des Eliteverbandes, ohne Zeitverzug das Lagebild liefert; auch dem Beobachter der Artillerie kann sie dienen. In hoher Kadenz halten die

Geschütze die Hisbollah nieder, während die Grenadiere vorrücken. Auf dem Sandstreifen entlang des Grenzzauns fährt mit heulendem Motor ein Merkawa-Panzer auf und ab; eine weithin sichtbare Staubfahne verrät seinen Standort. Zum Schiessen hält der Tank an. Mehrmals dreht er das Rohr, auf beiden Flanken gibt er den Grenadieren Deckung.

Raketenalarm

Um 12.33 Uhr ruft der Lautsprecher den Katjuscha-Alarm aus. Selbst Shalom Malka und Shimon Bitutu suchen den Bunker hinter Malkas Haus auf. Eine Minute haben die noch 200 Einwohner des Moschaws Zeit, den Unterstand zu beziehen. Die israelische Luftaufklärung erkennt die Raketenabschüsse sofort und alarmiert die Warnposten unverzüglich. Aber so lange fliegt eine Katjuscha nicht durch die Luft, dass die Schutzsuchenden trödeln können.

Eine steile Treppe führt hinab in den Betonbunker. Der Schutzraum ist eng. Am Boden liegen Schlafsäcke und Wolldecken, in einer Ecke drängen sich Kinder. Im Frieden zählt Avivim 400 Einwohner, die halbe Bevölkerung ist geflohen. Der Moschaw lebt von der Geflügelzucht. Malka, dessen Familie aus Marokko stammt, lässt seine Hühner nicht im Stich. Aber er klagt: «Seit es Tag und Nacht kracht und dröhnt, legen sie nicht mehr so viele Eier.»

Um 12.39 Uhr schlagen hinter dem Dorf die ersten drei Raketen ein. Unheimlich pfeifen die altertümlichen Geschosse über die Dächer, scharf knallend prallen sie auf. Aber sie verfehlen den Moschaw. Um 12.41 Uhr kommen die Katjuschas 4 und 5, um 12.45 Uhr die Exemplare 6 und 7. «Wie üblich», konstatiert Shimon Bitutu, «immer dasselbe». Gegen 13 Uhr ist der Spuk vorbei, der Armeelautsprecher gibt Entwarnung. Shalom Malka füttert das Pferd, das er neben den Hühnern hält.

Unten in der Mulde ist noch der Merkawa zu erkennen, und beim Bachgraben verharrt ein Schützenpanzer. Das Artilleriefeuer hat sich hinauf zur Krete verlagert. Um 13.12 Uhr schwebt auf dem linken, dem Meer zugewandten Flügel gleissend weiss eine Brandgranate nieder. Vom Wasser her weht eine steife Brise ins Landesinnere. Die Granate setzt das dürre Gestrüpp auf dem Bergrücken in Brand. Der Wind treibt den Rauch dick und schwarz übers Gefechtsfeld: Die Israeli suchen Deckung und Tarnung für den weiteren Angriff.

Archaisch ungenau

Um 13.45 Uhr nehmen wir Abschied von Shalom Malka; man soll das Glück nicht strapazieren. Die israelischen Granaten rauschen jetzt über den Horizont in die nächste Geländekammer. Dort liegt Bint Jubeil, der Ort mit den gelben Fahnen, den die Hisbollah «die Hauptstadt der Befreiung» nennt. Das Tal bei Avivim scheint «gesäubert», «ausgekämmt» zu sein. Allein unten im Bachbett flammt noch einmal Gewehrfeuer auf, und prompt jagt die Artillerie einzelne Granaten in den Einschnitt.

Rechts und links der Strasse 899 brennt das Gestrüpp lichterloh. Das müssen die Katjuschas 4 und 5 oder die Raketen 6 und 7 sein. Um mehr als zwei Kilometer haben sie Avivim verfehlt. Die Hisbollah bringt die Mehrfachraketenwerfer aus Bunkern heraus rasch in Stellung; taktisch ist das ihre Stärke. Unter der Hast leidet aber die Zielgenauigkeit der archaischen, ohnehin unpräzisen Geschosse.

Zwei Gefallene, neun Verwundete

An der ersten Weggabelung hat das israelische Fernsehen seine Kamera postiert. Vier Ambulanzen stehen mit blinkenden rotweissen Leuchtbalken bereit. Ein Merkawa überwacht den Knotenpunkt, ein Zugführer erteilt Befehle. Wir bleiben noch eine Stunde. Am frühen Nachmittag bringen die Sanitäter keine Verwundeten zum Verbandsplatz, der Angriff scheint voranzukommen.

Am Abend bringt die Television Bilder von Verletzten, die auf Tragbahren von Schützenpanzern in Krankenwagen geladen werden. Der Sprecher gibt bekannt: «Bei schweren Kämpfen nördlich von Avivim sind heute zwei israelische Soldaten gefallen und neun verwundet worden. Sie gerieten im Südlibanon in einen Hinterhalt, als sie in einem Gehölz ein unterirdisches Raketenlager ausräumten.»

3 Ramat David, 14. Juli 2006: Das Tagebuch des Piloten

Die israelische Luftwaffe hält ihre Operationen in aller Regel geheim. Namentlich die Piloten sind stets von der Aura des Besonderen und dem Schleier der Geheimhaltung umgeben. Auf Bildern werden die Gesichter der Flieger stets abgedeckt. Die Namen werden nie voll ausgeschrieben. Im Libanon-Krieg vom Sommer 2006 lüftete Generalmajor Eliezer Shkedy, der Kommandant der Luftwaffe, den Schleier punktuell. Er wollte zeigen, wie sorgfältig seine Offiziere vorgingen. Es folgt ein Auszug aus dem Tagebuch des F-16-Piloten Major A.

Der 12. Juli 2006 scheint ein Routinetag zu sein. Ich komme von einem Übungsflug auf den Stützpunkt Ramat David zurück. Als ich vor einer Stunde abhob, war noch alles ruhig – ein gewöhnlicher Tag bei angenehmem Wetter und guter Sicht.

Mittwoch, 12. Juli 2006, 10 Uhr

Ich steige aus dem Flugzeug. Mit lautem Getöse startet eine F-16, und noch eine, und noch eine. Wenn eine Maschine zum Kampfeinsatz aufsteigt, dröhnt das anders als sonst. Das Flugzeug ist dann mit schweren

Bomben beladen. Der Start wird länger, die Maschine wiegt mehr, ohne den Nachbrenner kommt das Flugzeug nicht mehr hoch.

Ich eile zu meinem Geschwader. Der Lautsprecher ruft: «Alle Piloten in den Lageraum.» Der Kommandant gibt bekannt: Heute morgen wurden an der Nordgrenze zwei Soldaten entführt. Die Hisbollah schoss Raketen auf Israel. Kein Training mehr heute, bereitet euch auf den Ernstfall vor.»

12. Juli 2006, 11 Uhr

Major E, der Staffelkommandant, stürmt in den Nachrichtenraum: «Was ist los?», fragt er. Ich teile ihm mit, was geschah. Es ist Krieg, und unsere Staffel gelangt noch heute zum Einsatz.

Major E ist besorgt. Er will unbedingt vermeiden, dass wir ein falsches Ziel treffen. Einer seiner Freunde, ein Helikopterpilot, las in einem Befehl einen einzigen Buchstaben falsch und schoss auf ein ziviles Ziel. Das darf uns nicht geschehen. Wir werden jede Koordinate prüfen und nochmals prüfen. Wir müssen die Ziele ganz genau kennen.

12. Juli 2006, 14.30 Uhr

Wir rennen zu den Flugzeugen, starten die Triebwerke, fahren die Systeme hoch. «Macht euch bereit, hier sind die Ziele.» Major E und ich verifizieren alles. Es darf uns kein Fehler unterlaufen. Wir müssen präzis wissen, wo wir anzugreifen haben. Wir starten in Richtung Norden und überfliegen die libanesische Grenze.

Ich überprüfe die Instrumente, schärfe die Bomben, fliege das Ziel an – 10, 9, 8 ... Abziehen! Das Flugzeug wird durchgeschüttelt, als sich die beiden Bomben von den Flügeln lösen. Es ist, als ob sich die F-16 durchbiegen würde. Ich sehe die Explosionen – zwei Treffer! Major E meldet: «Auftrag erfüllt, vier direkte Treffer.»

12. Juli 2006, 16.30 Uhr
Wir landen. Wir haben eine Hisbollah-Stellung ausgeschaltet. Es ist eigenartig. Unser ganzes Bestreben gilt dem Gebot, keinen Fehler zu begehen. Die Botschaft ist klar – für den Kommandanten des Geschwaders und jeden einzelnen Piloten: Ein einziger kleiner Fehler kann die ganze Operation gefährden– wie 1996, als die Artillerie in Qana aus Versehen ein UNIFIL-Bataillon und die zivile Bevölkerung traf.

Dass wir das Ziel genau treffen, wird selbstverständlich erwartet. Für eine gelungene Mission erwarten wir keine Gratulationen. Einen Schlag auf den Kopf gibt es, wenn etwas schief läuft. Das ist die richtige Haltung. Es führt dazu, dass wir ganz sorgfältig vorgehen. Wir dürfen den Finger nicht zu schnell am Drücker haben.

Freitag, 14. Juli 2006, 5.30 Uhr
Nach einer kurzen Nacht betrete ich den Lageraum. Wenig später sind Major T und ich über Beirut. Die Schäden in der Stadt sind gut zu erkennen. Im Süden ist das Hauptquartier der Hisbollah zerstört – ganze Ar-

beit! Wir sehen die Bombenkrater in den Flugpisten. Riesige Benzintanks brennen. Schwarzer Rauch hängt über der Stadt. Aber heute liegt unser Ziel nicht in Beirut, sondern an der Nachschubstrasse von Damaskus in den Libanon hinein.

14. Juli 2006, 6.45 Uhr

Wir drehen nach Osten ab, ins Bekaa-Tal, nahe an der syrischen Grenze. Wir passen auf, dass wir nicht zu nahe an die Grenze geraten. Wir erwarten zwar kein Feuer von der syrischen Fliegerabwehr, aber ich beobachte das Warnsystem, das einen Raketenabschuss anzeigen würde.

Heute haben wir zwei Ziele, die wir nacheinander angreifen. Ich lade zwei Tonnen Munition ab. Nach der Landung erfahren wir, dass wir die erste Stellung vollständig ausschalteten. Die zweite wurde getroffen, aber nicht eliminiert. Eine andere Staffel wird sie zerstören.

4 Bint Jubeil, 24. Juli 2006: Die Hisbollah hält Stand

«Wenn Israel das Zentrum von Beirut beschiesst, dann nehmen wir Tel Aviv unter Beschuss.» (Scheich Hassan Nasrallah)

Vom 12. bis zum 18. Juli bekämpften die israelischen Streitkräfte die Raketenstellungen der Hisbollah ausschliesslich aus der Luft und mit der Artillerie. Allein mit den Erdkampfflugzeugen und den Panzerhaubitzen gelang es nicht, die Katjuscha-Werfer auszuschalten. Seit dem 19. Juli gehen israelische Elitetruppen am Boden gegen die Hisbollah-Nester vor. Doch die zähen schiitischen «Gotteskrieger» leisten erbitterten Widerstand.

Ziel Litani

Das Ziel der israelischen Operation «Richtungswechsel» lautet, die Hisbollah militärisch entscheidend zu schwächen und im Südlibanon bis hinauf zum Litani-Fluss eine Sicherheitszone einzurichten. Diese Zone soll so tief sein, dass die Hisbollah keine Raketen mehr auf Nordisrael abfeuern kann.

Später soll sie – immer nach israelischem Plan – von einer internationalen Schutztruppe übernommen werden. Israel würde es begrüssen, wenn die Türkei dieses Friedenskorps anführen würde. Mit der Türkei pflegt Israel seit langem ein stilles Bündnis, und die türkischen Streitkräfte gelten als gut geeignet für einen robusten Schutzeinsatz. Im Gespräch ist auch Frankreich, das jetzt schon den Kommandanten der UNIFIL stellt.

Bunker und Tunnels

Militärisch macht Israel die bittere Erfahrung, dass die Hisbollah am 12. Juli den Kampf gut vorbereitet eröffnete. Die «Gotteskrieger» verschanzen sich im Südlibanon in einem Bunker- und Tunnelsystem und stützen sich personell und waffenmässig auf beträchtliche Reserven. Die Hisbollah wird vom schiitischen Regime in Iran finanziert und unterstützt.

Im Juni 1982 stiess die israelische Armee in wenigen Tagen nach Beirut vor. Jetzt beissen sich israelische Eliteverbände wenige Kilometer nördlich der libanesischen Grenze am Hisbollah-Widerstand fest.

Bint Jubeil liegt im äussersten Süden des Libanon und wird von der Hisbollah die «Hauptstadt der Befreiung» genannt. Im verwinkelten Hügelort erlitt das Egoz-Bataillon der Golani-Brigade schwere Verluste. Überall haben die «Gotteskrieger» Minen gelegt. Hinter jedem Haus lauert ein Hinterhalt, und im karg bewaldeten Umland kann jedes Gehölz eine Falle sein.

Dorf um Dorf

Zwei negative Erfahrungen machte die israelische Führung in den ersten Kampftagen. Erstens musste sie feststellen, dass die Hisbollah den Südlibanon systematisch aufgeteilt und befestigt hat. Die rund 1000 Quadratkilometer – das entspricht der Fläche des Kantons Thurgau – sind in 176 Abschnitte mit 40 Hauptstützpunkten gegliedert.

Die ersten israelischen Vorstösse nach Yaroun, Maroun-al-Ras und Bint Jubeil stellen nur einen Anfang dar. Jeder gegnerische Stützpunkt muss einzeln ausgeräumt werden, und selbst in eroberten Dörfern flammt der Widerstand immer wieder auf.

Jeden Tag Raketen

Zweitens konstatiert Israel, dass die Hisbollah ungebrochen Tag für Tag mehrere Dutzend Raketen nach Haifa und ins galiläische Bergland schiesst. Auch die terrestrischen Vorstösse haben die Katjuscha-Attacken bisher nicht unterbunden.

Im ganzen Nordstreifen von Israel leben die Menschen in Bunkern; oder sie sind nach Süden geflohen. Je länger dieser Zustand andauert, desto grösser wird der wirtschaftliche Schaden – von den politischen Auswirkungen auf Ministerpräsident Ehud Olmert und Verteidigungsminister Amir Peretz ganz zu schweigen.

Raketen auf Tel Aviv?

Die Hisbollah besitzt von den altertümlichen Katjuscha-Mehrfachraketen noch immer mehrere 1000 Exemplare. Die Geschosse russischer Bauart reichen 20 Kilometer weit. Gefährlicher indessen nehmen sich drei andere Raketen aus:

- Mit der syrischen Fajr-3 beschiesst die Hisbollah die Stadt Haifa. Die 240-Millimeter-Rakete reicht 45 Kilometer weit, womit Haifa von der libanesischen Grenzstadt Naquoura aus getroffen werden kann. Die Fajr-3 wiegt rund 400 Kilogramm. Im Zugsdepot von Haifa tötete eine Fajr-3 acht Israeli.

- Die Fajr-5, eine Weiterentwicklung der Fajr-3, reicht 75 Kilometer weit. Die israelische Touristenstadt Netanja liegt in der Wirkungsdistanz dieser iranischen Rakete.

- Am weitesten reichen die Zelzal-1 und die Zelzal-2. Mit der Zelzal-1 könnte die Hisbollah Tel Aviv und theoretisch auch Jerusalem treffen (in Jerusalem bieten allerdings die islamischen Heiligtümer Al-Aksa und Felsendom einen gewissen Schutz). Ein Angriff auf Tel Aviv würde im Krieg eine neue Phase einleiten. Die Zelzal-2 käme sogar bis Beershaba, die Hauptstadt des Negevs.

Iran redet mit

Bisher setzte die Hisbollah-Führung die weitreichenden Raketen jedoch nicht ein. Israelische Offiziere gehen davon aus, dass Iran einen solchen Abschuss bewilligen müsste. Es bestehen israelische Pläne, im Fall einer Hisbollah-Attacke auf Tel Aviv oder den Negev Iran anzugreifen.

Israel behält sich vor, gegen die iranischen Atomanlagen zuzuschlagen, wie im Juni 1981 der irakische Osirak-Reaktor bei Bagdad zerstört wurde. Eine Luftoperation gegen Iran wäre allerdings ungleich schwieriger als seinerzeit der Flug nach Bagdad. Saddam Hussein hatte den Reaktor schlecht geschützt. Die Anlagen im Iran dagegen sind verbunkert und im ganzen Land verstreut; überdies bietet die iranische Fliegerabwehr mehr Schutz als die irakische.

Zwei Optionen

Militärisch stehen den Israeli zwei Optionen offen. Ihre Streitkräfte können den Krieg wie bisher fortsetzen: mit schweren Luft- und Artillerieangriffen auf Hisbollah-Stellungen und Nachschubwege, ergänzt durch begrenzte Bodenoperationen.

Oder die Panzer- und Infanterieverbände treten zu einer breit angelegten terrestrischen Offensive an, die auf den drei Hauptachsen dem Mittelmeer entlang, durch die Zentralfront und durch das Bekaa-Tal nach Norden führen würde. Am Meer fallen die Berge steil ab. Wie 1982 müsste hier mit einer maritimen Umfassung gerechnet werden. Der frühere Generalstabschef Shaul Mofaz verlangt eine Landung am Litani; nach seinem Plan würde Israel das Hisbollah-Land von Norden nach Süden aufrollen.

Syrien hält still

In der Bekaa käme Israel gefährlich nahe an die syrische Grenze heran. Syrien hat bisher stillgehalten. Wohl fliesst der Hisbollah-Nachschub über Damaskus in die Bekaa hinein. Aber an der Golan-Front ist es bisher zu keinen Kampfhandlungen gekommen. Seit 1974 trennt eine lang gestreckte Sicherheitszone die

syrischen und die israelischen Truppen scharf voneinander ab. In der Zone überwachen Österreicher, Slo-
waken und Polen den Waffenstillstand vom Oktober
1973. Das alawitische Asad-Regime in Damaskus hat
bisher den Krieg mit Israel nicht aufgenommen, weil
es nach einer militärischen Niederlage mit Sicherheit
stürzen würde.

Israel schont Syrien

Auch Israel ist an einem Krieg mit Syrien nicht interessiert. Ungern sieht man die Hisbollah-Transporte
von Damaskus zur libanesischen Grenze fahren. Aber
die israelische Führung weiss, was nach dem Sturz des
Asad-Clans käme: ein fundamentalistisches, fanati-
sches Islamisten-Regime, das für Israel unangenehmer
wäre als die jetzige Führungsschicht.

Militärisch könnten die syrischen Streitkräfte,
die stets tapfer gekämpft haben, Panzer, Artillerie und
Raketen ins Treffen führen. Doch mit Sicherheit würde
die israelische Luftwaffe in Damaskus und im syrischen Hinterland Flugplätze, Brücken, Elektrizitäts-
werke und Erdölraffinerien zerstören.

5 Khiam, 25. Juli 2006: Der Tod der Beobachter

«Die Hisbollah hat ihre Raketenstellungen rund um unseren Beobachtungsposten herum aufgebaut. Wir sehen jede einzelne Stellung.» (Major Paeta Hess-von Kuerdener)

Seit 1948 überwacht die UNO den Waffenstillstand an der libanesisch-israelischen Grenze. Die 50 Beobachter kommen aus aller Herren Ländern und patrouillieren die Front in der Regel zu zweit ab.

Zwischen den Streifenfahrten essen und schlafen die Offiziere in vier «gehärteten Häusern», die weiss gestrichen sind. Die schwarzen Lettern «UN» kennzeichnen die Bunker weithin sichtbar als neutrale Stützpunkte der Vereinten Nationen. In der Nacht tauchen Scheinwerfer die kantigen Gebäude in gleissendes Licht.

Mitten im Angriffsstreifen

Am 25. Juli 2006 rückt ein israelisches Bataillon von der galiläischen Grenzstadt Metulla her in Richtung des libanesischen Dorfes Khiam vor. Khiam liegt 4,5 Kilometer nördlich der Grenze und gibt dem UNO-Stützpunkt den Namen, der kurz vor dem Dorf mitten im israelischen Angriffsstreifen einen Riegel bildet. Rund um den Beobachtungsposten hat die Hisbollah ihre Stellungen eingerichtet. Von Khiam aus feuert sie Katjuscha-Raketen nach Kiriat Shmona und Safed; auch im Kampf gegen die vorrückenden Israeli operiert sie aus unmittelbarer Nähe des Stützpunktes.

«Stellt das Feuer ein»

Der israelische Angriff auf Khiam beginnt um 13.30 Uhr. Im dreistöckigen «gehärteten Haus» der UNO haben sich vier unbewaffnete Beobachter verschanzt: der chinesische Oberstleutnant Du Zhaoyu, der finnische Oberstleutnant Jarno Mäkinen, der kanadische Major Paeta Hess-von Kuerdener und der österreichische Major Hans-Peter Lang. Der Bunker schützt die Offiziere gegen Artilleriegranaten vom Kaliber 155 Millimeter.

Gegen 13.45 Uhr setzt rund um den UNO-Stützpunkt schweres Feuer ein. Mit M-109-Panzerhaubitzen und F-16-Jagdbombern greift Israel an. Die vier Beobachter melden die Einschläge dem französischen Generalmajor Alain Pellegrini, der von Naquoura aus die UNIFIL befehligt. Zehn Mal ersuchen die Offiziere ihren israelischen Verbindungsoffizier, das Feuer einzustellen.

21 Einschläge

Die Lage der Beobachter wird immer verzweifelter. Ihr Stützpunkt ist von der Hisbollah umstellt; unbewaffnet, wie sie sind, können sie nicht ausbrechen. Doch die Israeli schiessen weiter. Im Laufe des Nachmittags zählen die vier Eingeschlossenen 21 Einschläge in der

Nähe des Stützpunkts, davon zwölf in einem Umkreis von 100 Metern. Auch Pellegrini appelliert an die Israeli, das Feuer vom Beobachtungsposten weg zu verlegen. Als alles nichts hilft, wendet er sich an das UNO-Generalsekretariat in New York. Mit den vier Offizieren hält er über Funk Verbindung.

500 Kilogramm

Um 19.17 Uhr bricht der Funkverkehr jäh ab. Im Bunker hat eine 500-Kilogramm-Fliegerbombe eingeschlagen. Der Volltreffer zerfetzt die vier Offiziere aus China, Finnland, Kanada und Österreich sofort. Die Vereinten Nationen melden den Tod von Du Zhaoyu, Jarno Mäkinen und Paeta Hess-von Kuerdener. Der steirische Major Hans-Peter Lang wird noch vermisst.

In New York erhebt Kofi Annan, der Generalsekretär der UNO, schwere Vorwürfe gegen Israel. Er verurteilt den israelischen Angriff scharf und beschuldigt die israelischen Streitkräfte, den weithin erkennbaren Bunker absichtlich beschossen zu haben. In Wien spricht ein Militärkommentator von «gezielter Tötung». Israel äussert sein Bedauern und weist die Vorwürfe zurück; der Stützpunkt sei versehentlich getroffen worden.

MacKenzie meldet sich

In der Trauer über den Tod der vier Beobachter schlagen die Wogen der Empörung über den israelischen Angriff hoch. In Kanada meldet sich indessen der pensionierte General Lewis MacKenzie zu Wort. Er gibt eine Mail-Botschaft frei, die Major Hess-von Kuerdener persönlich an ihn gesandt habe. Der Major hatte als junger Offizier bei der Princess Patricia's Canadian Light Infantry gedient, die MacKenzie kommandierte.

«Taktisch notwendig»

Hess-von Kuerdener hielt mit seinem ehemaligen Chef auch als UNO-Beobachter Verbindung und berichtete ihm selbst von den Stützpunkten aus, die mit Fernsehen, Radio, Telefon, Fax und Mail gut ausgerüstet sind (oft rufen die Beobachter in den Abendstunden ihre Angehörigen in den Heimatländern an; ebenso sind sie über Mail in den Bunkern zu erreichen).

In seiner letzten dramatischen Mail-Mitteilung schreibt Hess-von Kuerdener, die Hisbollah habe ihre Raketenstellungen rund um den Bunker eingerichtet. Die Stellungen seien leicht zu erkennen. Hess-von Kuerdener warnt vor den Einrichtungen und bewertet auch die israelischen Attacken: «Dies sind keine gezielten Angriffe auf uns, sondern das Ergebnis taktischer Notwendigkeit.»

Das Massaker von Sarajevo

General Lewis MacKenzie nahm in seiner Laufbahn nie ein Blatt vor den Mund. Im Frühjahr 1992 diente er in Sarajevo als Kommandant der dortigen Friedenstruppe UNPROFOR. Am 27. Mai jenes Jahres schlugen mitten in der Stadt Granaten ein, die 20 Bosnier töteten. Die Menschen waren vor einer Bäckerei angestanden, um ihre tägliche Ration Brot abzuholen. Das Blutbad wurde vom bosniakisch-muslimischen Fernsehen *live* aufgenommen und erhielt den makabren Namen «Brotschlangenmassaker». Sofort beschuldigte die bosnische Regierung die serbische Artillerie, sie habe Unschuldige umgebracht.

Unbestechlicher Beobachter

Noch am Abend des 27. Mai zweifelte MacKenzie die amtliche Darstellung an. Eine seiner UNO-Patrouillen habe beobachtet, dass sich eine bosniakische Kamera-Equipe schon vor dem Massaker in einer Seitengasse bereit gehalten habe, um das Blutbad direkt übertragen zu können.

Er, MacKenzie, habe Anhaltspunkte, dass die Menschen vor der Bäckerei Serben waren und die Granaten von bosnischen Geschützen kamen. Dann liess der Kanadier die Flugbahnen untersuchen, und es erwies sich, dass ballistisch kein serbisches Geschoss vor der Bäckerei einschlagen konnte. Die Aufdeckung der bosniakischen Machenschaften trug Lewis MacKenzie den Ruf ein, ein unbestechlicher Beobachter zu sein. Er durchschaute Propagandalügen und entlarvte üble Inszenierungen.

Im Klartext

Auch am 25. Juli 2006 sprach MacKenzie wieder Klartext. Major Hess-von Kuerdener habe an seine Vorgesetzten appelliert, den Bunker verlassen zu dürfen. Er habe mitgeteilt, dass die Hisbollah den UNO-Posten missbrauchte und die vier neutralen Offiziere als

menschliche Schutzschilde benutzte. Hess-von Kuerdener habe keinen Hehl daraus gemacht, dass die Hisbollah von Khiam aus die israelische Armee bekämpft
und israelisches Territorium angegriffen habe.

Grober Missbrauch

Was geschah am 27. Juli 2006 um 19.17 Uhr bei Khiam
wirklich? Einerseits fällt es schwer zu glauben, dass die
israelische Luftwaffe die 500-Kilogramm-Bombe aus
Versehen auf den Stützpunkt warf; zu auffällig sind die
Bunker, und zu oft hatten die Beobachter gebeten, das
Feuer zu verlegen.

Anderseits hatte Israel noch im Juli 2006 wenig
Vertrauen in die Vereinten Nationen. Die israelische
Führung warf der UNIFIL vor, die UNO-Resolution
1559 nicht durchgesetzt zu haben. Namentlich die
Streitkräfte beanstandeten zu Recht, die Friedenstruppe habe die Hisbollah nicht entwaffnet; ja sie habe
tatenlos zugeschaut, wie die «Gotteskrieger» ihre Bunker und Raketenstellungen ausbauten.

Kein Zweifel besteht, dass der Beobachtungsposten Khiam dem israelischen Vormarsch im Wege
stand. Die Hisbollah-Kämpfer benutzten ihn für Tarnung, Deckung und Täuschung. Ein neutraler Militär-
beobachter berichtet, die Hisbollah habe an der israelischen Grenze alle vier UNO-Stützpunkte grob miss-
braucht, und das über längere Zeit hinweg.

6 Qana, 30. Juli 2006: Der Krieg der Bilder

«Nie wird so viel gelogen wie nach der Jagd, im Krieg und vor den Wahlen.»
(Otto von Bismarck)

Im Nahost-Konflikt gewinnt die Hisbollah den Krieg der Bilder. Israels Botschaft, seine Armee kämpfe gegen den Terror, findet wenig Gehör. Im Fernsehen sind es vor allem die Schreckensszenen aus dem Libanon, die Emotionen auslösen.

Zum zweiten Mal Qana

In Tel Aviv schrieb Zeev Schiff, der Militärredaktor der Zeitung «Haaretz», schon am dritten Kriegstag, Israel könne die Hisbollah-Stellungen lange bombardieren – «vorausgesetzt, es passiert kein grober Fehler».

Eben dieser Fehler trat am 30. Juli in Qana ein, als um Mitternacht ein israelisches Fliegergeschoss in einem Wohnhaus einschlug. Das Dorf Qana liegt 15 Kilometer südöstlich der Hafenstadt Tyr. Schon einmal, am 18. April 1996, hatten dort die israelischen Streitkräfte ein Blutbad angerichtet.

Während der Operation «Früchte des Zorns» schlugen in Qana Artilleriegranaten ein. Zahlreiche Libanesen und Soldaten des UNO-Bataillons aus Fidschi kamen um. Mitten in Beirut erinnert heute noch eine

Ausstellung mit drastischen Szenen an den folgenreichen Fehlschlag der israelischen Kanoniere.

Film kam zu spät

Dass nun ausgerechnet in Qana israelische Geschosse wieder Leid verursachten, war für Israel im Propagandakrieg der GAU, der «grösste anzunehmende Unfall». Mehrere Militärsprecherinnen entschuldigten sich beredt, und in New York suchte Dan Gillermann, Israels wortgewaltiger UNO-Botschafter, den Schaden zu begrenzen.

Aber weder die Armee noch Gillermann hatten den Film in der Hand, der zeigt, dass die Hisbollah unmittelbar beim getroffenen Gebäude einen Raketenwerfer installiert hatte; von Qana aus hatte die Hisbollah schon rund 150 Katjuscha-Geschosse abgefeuert. Stundenlang hielt die israelische Militärzensur das entlastende Video zurück, das die Abschüsse beim Wohnhaus belegte.

Bergung erst nach Stunden

Bis das Gebäude einstürzte, vergingen Stunden. Die Bergung begann erst, nachdem die Fernsehequipen eingetroffen waren. Die führenden angelsächsischen Sender CNN, BBC, FOX und SKY zeigten immer wieder einen bärtigen Mann mit Helm, der tote Kinder aus dem eingestürzten Haus trug.

Wie sich nachher herausstellte, barg dieser Mann schon am 18. April 1996 Kinder aus den damals zerstörten Gebäuden. Auch nach dem 30. Juli 2006 war der behelmte Helfer wieder mit Kindern im Arm zu sehen, diesmal in Tyr. Er hilft, wo immer israelisches Feuer einschlägt; aber inzwischen weiss man auch, dass er im Propaganda-Apparat der Hisbollah eine Rolle spielt.

Opferzahl halbiert

Ursprünglich meldeten CNN und BBC, in Qana seien 56 Menschen umgekommen. Human Rights Watch, eine neutrale amerikanische Organisation, halbierte die Zahl. Zum gleichen Schluss gelangte auch das ebenfalls unparteiische Rote Kreuz.

Dies ändert nichts an der Tatsache, dass die israelische Luftwaffe seit dem 12. Juli immer wieder auch Libanesen trifft, die mit der Hisbollah nichts zu tun haben. Die Hisbollah richtet ihre Raketen bewusst auf Dörfer und Städte in Israel und deren Einwohner. Die israelischen Streitkräfte suchen Hisbollah-Stellungen und –Kämpfer auszuschalten. Sie versuchen, Opfer in der zivilen Bevölkerung zu vermeiden; aber sie nehmen sie in Kauf.

Humanitäre Notlage

Israel versteht den Krieg gegen die Hisbollah als Kampf gegen den Terror. Hinter der Hisbollah stehen Syrien und Iran. Der iranische Präsident Mahmoud Ahmedinedjad droht Israel mit der Zerstörung. Namentlich in Europa tut sich Israel schwer, diese Botschaft zu verbreiten. Das Fernsehen zeigt die brennenden Quartiere im Süden von Beirut, zerstörte Brücken selbst im christlichen Norden, Flüchtlinge, Sanitäter – und immer wieder Mütter und Kinder, die unendlich unter dem Bombardement leiden. Es ist die humanitäre Notlage im Libanon, welche die Tagesschau dominiert, nicht Israels Kampf gegen die existenzielle Bedrohung.

Ungenügend vorbereitet

Die israelischen Streitkräfte waren am 12. Juli schlecht auf die Provokation durch die Hisbollah vorbereitet. Auch die Informationsdienste waren gegen die diabolische Propaganda der «Gotteskrieger» schlecht gewappnet. Weder hatten sie ein Konzept, die Anschuldigungen durch den militärischen und politischen Gegner zu entschärfen noch waren sie für den Ansturm ausländischer Korrespondenten eingerichtet.

Der Schreibende berichtete schon 1973 und 1982 über Israels bewaffnete Konflikte. Im Jom-Kippur-Krieg und im Libanon-Feldzug nahm die amtliche Pressearbeit vom ersten Tag an Einfluss. Begleitoffiziere führten die Berichterstatter am engen Zügel, und gewandt legten sie den Korrespondenten die eigene Sicht dar.

Ganz anders 2006! Wer sich am 18. Juli in Jerusalem akkreditierte, erhielt auf die Bitte nach einem Begleitoffizier die Antwort: «Wir sind eine freie Gesellschaft, Sie können sich bewegen, wo Sie wollen.» So war es dann auch: Im Moschaw Avivim konnte am 19. Juli 300 Meter von der Front jedermann völlig frei mit Soldaten und Bauern sprechen, und entlang der Grenzstrasse stand dem Kontakt mit Offizieren und dem Fotografieren nichts im Wege.

Hisbollah gewinnt Prestige

Inzwischen führt Israel vor allem die Fernsehequipen wieder am kürzeren Zügel. Auch an der Propagandafront hat die Gegenoffensive eingesetzt. Die bürgerliche Tageszeitung «Maariv» steht ihrer Tradition getreu fest hinter dem militärischen Vorgehen, und sogar «Haaretz», das linksliberale Blatt, übernimmt Bilder und Sequenzen der Armee unbesehen.

Die Initiative im Kampf der Bilder bleibt indessen bei der Hisbollah, die namentlich in der arabischen Welt einen unerhörten Prestigegewinn erfährt. Dass ihre Kämpfer den gefürchteten israelischen Streitkräften wochenlang widerstanden, wertet die «Gotteskrieger» auf.

Kampf um die Herzen und Köpfe

Otto von Bismarck rief 1862 im Parlament aus, nie werde so viel gelogen wie vor den Wahlen, nach der Jagd und im Krieg. Für Kriegsparteien galten als strategische Grössen seit dem 19. Jahrhundert die Faktoren Raum, Zeit und Mittel. In den asymmetrischen Konflikten des frühen 21. Jahrhunderts durchdringt der neue Faktor Information die drei herkömmlichen Grössen.

Wer im Kampf um die Herzen und Köpfe das Terrain zuerst besetzt, der behält in der Regel die Oberhand. Es geht darum, den Gegner anzuschwärzen und ihn als Kriegsverbrecher zu diffamieren. Die schärfste

Propagandawaffe bleibt dabei die Darstellung von verwundeten und toten Kindern.

Leibgarde von Lügen

Der Wettbewerb unter den Bildagenturen und Fernsehsendern verschärft das Problem. Im Konkurrenzkampf um Absatz und Quoten ist die Verlockung gross, die technischen «Vorteile» auszunutzen, welche die moderne Bild- und Filmbearbeitung anbietet.

Am 17. November 1997 starben in Luxor 36 Schweizer im Feuer von Fundamentalisten. Die Bilder vom Hatschepsut-Tempel waren einer Tageszeitung und dem Fernsehen nicht fürchterlich genug: Mit roter Farbe verwandelten sie Wasser- in Blutlachen.

In Beirut zog die Agentur Reuters Bilder ihres Fotografen Adnan Hajj zurück, weil dieser seine Aufnahmen technisch verfälscht hatte. Die dünnen Rauchschwaden nach einem Luftangriff genügten Hajj nicht. Er machte aus den Rauchspuren dicke, schwarze Rauchsäulen. Winston Churchill spottete einmal, im Krieg sei die Wahrheit so kostbar, dass man sie stets mit einer Leibwache von Lügen schützen müsse.

Er hatte Unrecht; aber viele befolgen jetzt wieder sein Gebot.

7   Baalbek, 1. August 2006: Im Rücken des Feindes

*Das folgende Kapitel fasst einen Artikel zu-
sammen, den Kaj-Gunnar Sievert für die
September-Nummer 2006 der Zeitschrift
«Schweizer Soldat» verfasste.*

In der Nacht vom 1. zum 2. August 2006 dringen israelische Kampfflugzeuge, Transporthelikopter und
Kampfhubschrauber in den libanesischen Luftraum
ein. Helikopter vom Typ Sikorsky CH-53 Sea Stallion
und Boeing-AH-64-Apache-Kampfmaschinen stossen
im Tiefflug nach Norden vor. Sie fliegen im Schutz der
Dunkelheit und nutzen das zerklüftete Terrain aus. Die
Kampfflugzeuge dagegen drehen in grosser Höhe auf
das Ziel ein.

Ziel Baalbek

Ziel des gemischten Angriffsverbandes ist die His-
bollah-Hochburg Baalbek im breit ausladenden Bekaa-
Tal zwischen dem Libanon und dem Antilibanon. Baalbek liegt 65 Kilometer östlich von Beirut, 15 Kilometer westlich von Syrien und 100 Kilometer nördlich
von Israel entfernt.

Zum Auftakt der Operation führt die israelische
Commando-Truppe um 22.20 Uhr koordinierte Luftschläge gegen Ziele in und um Baalbek. Nach den ers-

ten Treffern fällt in der Region Baalbek der Strom aus. Geplant ist der Angriff der Sondereinheiten Sayeret Matkal und Sayeret Shaldag. Ohne Strom gibt es in Baalbek kein Licht – ein Vorteil für die Angreifer, die im Schutz der Dunkelheit vorgehen können.

Operation «Scharfer Umriss»

Das Ziel der Operation «Scharfer Umriss» ist ein Gebäude in Baalbek. Es handelt sich um das kleine Spital Dar al-Hikmah, das von der Hisbollah geführt wird. Im Krankenhaus befinden sich keine Patienten mehr; es wurde Ende Juli geräumt.

Nach der Landung schalten die Sondereinheiten mehrere Posten im Umfeld des Krankenhauses aus. Das Commando umfasst rund 200 Soldaten und wird von Oberst Nitzan Aon geführt. Es kommt zu Gefechten mit Hisbollah-Kämpfern, die Infanteriewaffen und Panzerabwehrgeschosse einsetzen.

Oberst Aon teilt den Angriffsverband auf. Ein Detachement kämpft ausserhalb des Spitals gegen Hisbollah-Milizen, das andere stürmt das Gebäude. Während der gesamten Operation decken die mitgeflogenen Kampfhelikopter die Operation; sie greifen direkt in den Kampf ein.

Vier Stunden Kampf

Während das eine Detachement das Krankenhaus systematisch durchsucht, tobt in der Stadt vier Stunden lang der Kampf. Leuchtraketen erhellen die Szene und produzieren ein gespenstisches Licht. Werden sie von den Angreifern abgeschossen oder von den Verteidigern? Man weiss es nicht. Die Israeli tragen alle Nachtsichtgeräte – sie brauchen das Licht der Leuchtraketen nicht unbedingt.

Vier Stunden lang schiessen die israelischen Sondertruppen auf Häuser rund um das Spital. Sie gönnen dem Gegner keinen Augenblick Ruhe und verhindern, dass er Verstärkung zuführt. Die Israeli tragen einer wichtigen Forderung Rechnung, die bei jeder Commando-Aktion erfüllt sein muss: Der Angreifer muss zu jedem Zeitpunkt der Begegnung die relative Feuerüberlegenheit aufrechterhalten.

25 Tote, 15 Verwundete

Als am 2. August die Sonne über dem Antilibanon aufgeht, hat die israelische Commando-Truppe die Stadt Baalbek an Bord der Transporthelikopter schon wieder verlassen. Sie hat nicht ein Spital zerstört, sondern einen logistischen Stützpunkt. Zurück bleiben auf libanesischer Seite 25 Tote und 15 Verwundete; zehn der Toten sind gefallene Hisbollah-Kämpfer.

Die Israeli führen fünf gefangene Hisbollahi und erbeutete Computer, Datenträger, Dokumente, Karten und Frequenzlisten mit nach Hause. Sichergestellt wurden auch Waffen verschiedener Kaliber. Die elektronischen und schriftlichen Unterlagen liefern den Nachrichtendiensten Erkenntnisse über den Gegner.

Der israelische Kampfverband hat keinen einzigen Mann verloren. Alle Israeli kehren sicher und unversehrt auf ihre Stützpunkte zurück. Über den Status der fünf Gefangenen gehen die Angaben auseinander. Israel bezeichnet die Männer als Angehörige der Hisbollah – die Hisbollah bestreitet das. Von drei Gefangenen werden die Namen bekannt. Es handelt sich um Hussein al-Burji, Dib Nasrallah und Ahmed al-Gjhotah; Dib Nasrallah ist mit dem Hisbollah-Chef Hassan Nasrallah nicht verwandt.

5. August 2006: Angriff auf Tyr

Drei Tage nach Abschluss der Operation «Scharfer Umriss» greift eine Commando-Einheit der israelischen Marine die Stadt Tyr am Mittelmeer an. Ein Stosstrupp der Shayetet-13 dringt am 5. August 2006 in der Nacht in ein Haus ein, in dem er die Mitglieder einer Hisbollah-Zelle erschiesst.

Von Tyr wurden zuvor Raketen auf die Stadt Hadera zwischen Haifa und Tel Aviv abgeschossen. Als die Israeli angreifen, halten sich die Hisbollah-Kämpfer im zweiten Stock eines fünfstöckigen Gebäudes auf.

Die Israeli hätten die Wohnung auch mit einer Lenkwaffe ab Helikopter oder Flugzeug bekämpfen können. Doch das Hauptquartier entschied sich für den Commando-Raid. Zum Zeitpunkt der Aktion hält die Hisbollah nur die zweite Etage des Hauses besetzt. In den vier anderen Stockwerken halten sich Unbeteiligte auf; Israel will sie verschonen.

Transporthelikopter bringen das Commando zu einer Landestelle in der Nähe von Tyr. Lautlos verschieben sich die Kämpfer der Shayetet-13 zum Zielobjekt. Mit automatischen Waffen und Handgranaten stürmen die Angreifer die Wohnung. Sie töten sieben Hisbollahi im Gefecht auf kürzeste Distanz. Mehrere Israeli erleiden Verletzungen, zwei von ihnen werden schwer verwundet.

Auch ausserhalb des Hauses entspinnt sich der Kampf. Die Hisbollah-Kämpfer in der Wohnung waren nicht allein. Israelische Kampfhelikopter greifen ein und setzen mehrere Gegner ausser Gefecht. Die Shayetet-13 behält die Oberhand und kann abrücken.

In Tyr gerät das israelische Commando in die Feuerlinie der libanesischen Armee. Die Shayetet-13 erwidert das Feuer. Insgesamt kommen beim Schusswechsel fünf libanesische Soldaten um.

Was bewog Israel zum Raid?

Für den Angriff auf die Hisbollahi in Tyr liegen die Gründe auf der Hand: Die israelische Führung wollte die Zelle ausschalten, die den Raketenangriff auf Hadera angeordnet hatte.

Zur Operation «Scharfer Umriss» in Baalbek gibt es mehrere Mutmassungen. Eine erste läuft unter dem Titel «Image»: Erfolgreiche Commando-Aktionen erzeugen an der inneren Front eine gute Stimmung; sie führen die Stärke der eigenen Sondertruppen spektakulär vor Augen.

Eine zweite Vermutung gründet auf dem Stichwort «Verwechslung»: Einer der Hisbollahi, die in Baalbek gefangen genommen wurden, heisst Nasrallah. Aber es war Dib Nasrallah und nicht Scheich Hassan Nasrallah, der sich nicht in Baalbek aufhielt.

Eine dritte Spekulation ist mit dem Wort «Faust-pfand» verbunden: Scheich Mohammed Yazbik, ein Mitglied des innersten Hisbollah-Führungszirkels, soll das Ziel der Operation gewesen sein. Hätte das Commando ihn gefangen genommen, dann wären vielleicht die beiden entführten Israeli Ehud Goldwasser und Eldad Regev gegen ihn ausgetauscht worden. Yazbik befand sich noch kurz vor dem Angriff im Krankenhaus, aber er entwich noch rechtzeitig.

Eine vierte Vermutung beruht auf dem Plan «Befreiung»: Im Spital hätten sich Goldwasser und Regev aufhalten können – was nicht der Fall war.

Präzis informiert

Mit den beiden Commando-Aktionen bewiesen die israelischen Sondertruppen, dass sie planerisch und logistisch riskante Operationen auch in der Tiefe des libanesischen Raumes durchführen können.

Sie verfügten über die Luftüberlegenheit und Feuerunterstützung, die für solch weitreichende Unternehmen notwendig sind. In beiden Raids beherrschten sie sowohl die Infiltration als auch die Exfiltration.

Zusätzlich belegten die Aktionen, dass der Nachrichtendienst präzise Informationen über das Krankenhaus in Baalbek und die Wohnung in Tyr besass. Entsprechende «Sensoren» müssen aus beiden Städten Meldungen schon vor den Operationen abgesetzt haben.

8 Haifa, 4. August 2006: Wettlauf mit der Zeit

«Monatelang sah ich über der Grenze den Betonmischer. Aber am Schluss stand nichts da, alles ging in den Boden.» (Shimon Bitutu, Moschaw-Bauer, Avivim)

Tag für Tag bekräftigt Ehud Olmert, Israels Regierungschef, die Strukturen der Hisbollah seien gebrochen. Aber die Raketeneinschläge in ganz Nordisrael strafen ihn Lügen. In der vierten Kriegswoche hat die Hisbollah noch zugelegt.

Am 2. August schlugen in Galiläa mehr als 200 Geschosse ein. Neu sind die konzentrierten Salven am späten Nachmittag. Um 16 Uhr pflegen die Israeli ihre stickigen Bunker zu verlassen. Entsprechend hoch sind dann die Opferzahlen.

Geschosse syrischer Herkunft

Am 4. August schlug in Kiriat Shmonah, der nördlichsten Stadt Israels, eine Rakete ein, die nicht explodierte. Die Polizei identifizierte das Geschoss als eine Katjuscha syrischer Herkunft. Das syrische Projektil ist länger als die herkömmliche Katjuscha aus Iran. Ihr Sprengkopf wiegt 100 Kilogramm; damit ist sie schwerer und gefährlicher als die alten Katjuscha-Raketen.

Ebenfalls am 4. August flogen zwei Raketen bis auf die Höhe der Küstenstadt Hadera. Die Geschosse schlugen 90 Kilometer von der libanesischen Grenze entfernt ein – nur noch 40 Kilometer vor Tel Aviv. So weit südlich war die Hisbollah vorher nie gelangt. Ihr Chef, Scheich Hassan Nasrallah, drohte Israel, er werde seine Raketen auf Tel Aviv richten, wenn die israelischen Flugzeuge das Zentrum von Beirut beschössen. Seit Kriegsbeginn hat Nasrallah alle seine Drohungen wahr gemacht.

Kritik in Israel

Die israelische Öffentlichkeit unterstützt den Kampf gegen die Hisbollah noch immer grossmehrheitlich. In den Medien wächst aber die Kritik. Namentlich ehemalige Generäle nehmen kein Blatt mehr vor den Mund.

Sie beanstanden erstens, dass an der Spitze der Regierung zwei Persönlichkeiten ohne militärische und diplomatische Erfahrung stehen. Ministerpräsident Ehud Olmert und Verteidigungsminister Amir Peretz sind sich in der Strategie nicht immer einig. Am 30. Juli unterhielt sich Peretz unter vier Augen mit der amerikanischen Staatssekretärin Condoleezza Rice. Er verschwieg ihr den fatalen Fehlschuss von Qana. Es war dann ein Vertrauter von Rice, der die schlimme Kunde überbrachte.

Die Armeeführung wird – zweitens – kritisiert, weil sie in der ersten Kriegsphase zu stark auf die überlegene Feuerkraft der Luftwaffe und der Artillerie setzte. Generalstabschef Dan Halutz, der ehemalige Fliegerchef, glaubte die Hisbollah-Stellungen aus der Luft ausschalten zu können. Jetzt zeigt es sich, dass es ohne Panzer-, Infanterie- und Genieverbände nicht geht. Technisch stützen sich die israelischen Streitkräfte auf moderne Sensoren und Präzisionswaffen; aber die Hisbollah, die von Iran ausgerüstet wird, hält auch da mit.

Drittens werfen die Kritiker der Armee vor, sie habe die Hisbollah zu stark mit der palästinensischen Terrororganisation Hamas verglichen und folglich unterschätzt. In der Tat richteten die israelischen Streitkräfte in den letzten sechs Jahren ihr Augenmerk auf die zweite Intifada im Gaza-Streifen und im Westjordanland. Im Mai 2000 hatten sie sich aus dem Südlibanon zurückgezogen, und im September 2000 war der zweite Palästinenseraufstand ausgebrochen. Die Hisbollah erweist sich nun als ungleich stärkerer Gegner als die Hamas.

Vorsicht ist geboten

Vom 1. bis 10. April 2002 zerstörten israelische Bodentruppen in der samaritanischen Stadt Jenin die Terrorzentrale der Hamas. Ohne Unterstützung durch Flugzeuge, Helikopter und Kampfpanzer erlitten die Grenadiere im Häuserkampf schwere Verluste. Im Gegensatz zur Hamas zog die Hisbollah ihre Lehren aus dem Gefecht von Jenin. Sie verschanzt sich in Dörfern, kämpft aus dem Hinterhalt und drängt die israelischen Elite-Einheiten sogar in Ortschaften in die Defensive, die Israel bereits besetzt hat. Der Name der libanesischen Stadt Bint Jubeil steht für Verluste, welche die israelische Armee in einem Ort erhielt, den sie schon als erobert gemeldet hatte.

Der Hisbollah-Widerstand zwingt die israelische Führung zu einer vorsichtigen Taktik. Vornehmlich operierten die Israeli bisher in Grenznähe. Der Südlibanon umfasst mehr als 100 Dörfer. Die israelischen Bodentruppen erobern Haus um Haus, besetzen Strasse um Strasse – und bekunden nachher Mühe, den Geländegewinn zu halten. Über allem steht noch das Gebot, der Ortskampf sei mit einem Minimum an eigenen Gefallenen und Verwundeten zu gewinnen. Das ist bisher einigermassen gelungen. Nur in Bint Jubeil, dem stärksten Hisbollah-Stützpunkt, geriet eine Infanteriekompanie in einen Hinterhalt wie seinerzeit der Grenadierzug in Jenin.

Tückischer Krieg

Insgesamt ficht Israel den bisher tückischsten Krieg seiner an Kriegen reichen Geschichte aus. Der Unabhängigkeitskrieg von 1948/49 forderte 6000 israelische Tote; aber damals zog der junge Staat Israel Nutzen aus der Zerrissenheit der arabischen Gegner und deren militärischer Schwäche. Der Sinai-Feldzug vom Herbst 1956 und der Juni-Krieg von 1967 dauerten jeweils nur ein paar Tage. Am 6./7. Oktober 1973, im Jom-Kippur-Krieg, war Israel tödlich bedroht; doch die Armeeführung fand vom 8. Oktober an eine neue Taktik und entschied das Treffen innert 18 Tagen für sich.

Der Libanon-Krieg vom Juni 1982 verlief anfänglich nach dem Muster der erfolgreichen Feldzüge mit schwungvollen Panzerangriffen bei unangefochtener Luftüberlegenheit. Auf lange Sicht half der rasche Vorstoss nach Beirut indessen wenig. Schritt für Schritt zogen sich die Bodentruppen in den Südlibanon zurück, wo sie 18 Jahre lang verharrten und im Guerillakampf Verluste erlitten. Keinerlei Hilfe bot die UNO-Friedenstruppe UNIFIL – von der schwachen libanesischen Armee ganz zu schweigen.

Eklatanter Widerspruch

Die lange, verlustreiche Besatzung wirkt nach. Einerseits stossen nun wieder israelische Kampfbrigaden in den Südlibanon vor; sie sollen die Hisbollah-Stellungen ausräumen, die Raketenwerfer zerstören und die Hisbollah entscheidend schwächen. Anderseits müssen sie aber eine längere Besatzung vermeiden – in der vagen Hoffnung, eine robuste internationale Kampftruppe übernehme ein Schutzmandat. Aber der Widerspruch in der israelischen Strategie ist eklatant.

Positiv merken hochrangige israelische Offiziere an, die Moral ihrer Truppe sei ungebrochen und das Gerät der Streitkräfte bewähre sich. In der Tat handhabt der israelische Generalstab die Taktik auch in diesem Krieg einigermassen korrekt, soweit es ihm die widersprüchlichen, hemmenden Weisungen der Regierung gestatten. Der Merkawa-4, der den Panzerkampf trägt, steckt selbst schwere Treffer ein. Die Hisbollah führt auf breiter Front RPG- und Sagger-Geschosse ins Treffen; doch sie schiesst Merkawa-Panzer nur vereinzelt ausser Gefecht. Keine Verluste hatten bisher die israelischen Kampfflugzeuge, obwohl die Hisbollah schultergestützte Fliegerabwehrraketen einsetzt. Drei Apache-Helikopter stürzten ab – zwei nach einem Zusammenstoss, der dritte nach technischem Defekt.

Wettlauf mit der Uhr

Am 22. Oktober 1973 verhängten die Vereinten Nationen einen Waffenstillstand über Israel, Ägypten und Syrien. Auf dem Westufer des Suezkanals stiessen General Ariel Sharons Panzerbrigaden zügig an den Golf von Suez vor. Sie stellten den Vormarsch am 24. Oktober erst ein, nachdem sie den Golf erreicht hatten. Sie hatten den Wettlauf mit der Uhr knapp gewonnen.

Befinden sich die israelischen Streitkräfte jetzt wieder in einem Rennen mit der Zeit? Die humanitäre Katastrophe im Libanon führt zu starkem politischem Druck. Schlüsselgestalt für Israel ist der amerikanische Präsident George W. Bush. Israelische Diplomaten berichten von einem Gespräch, das Bush am 31. Juli mit Condoleezza Rice führte. Bush habe Israel noch einmal gedeckt.

9 Beirut, 12. August 2006: Die Hisbollah legt zu

«Es gibt in dieser Region keine Lösung des Konflikts, ausser, wenn Israel von der Landkarte verschwindet.»
(Scheich Hassan Nasrallah)

«Unser Ziel ist die Errichtung eines islamischen Gottesstaates in Libanon.»
(Hassan Nasrallah)

Die Hisbollah behauptet sich militärisch gegen Israel seit Wochen. Im Libanon und in der arabischen Welt gewinnt sie Prestige und Macht.

Unlösbare Konflikte

Selten war Libanon ein stabiler Staat. Wenn nun Diplomaten und Politiker ankündigen, ausgerechnet jetzt stehe der grosse Wurf bevor, dann ist höchste Vorsicht geboten.

Im Land der Zedern überlagern sich mehrere fast unlösbare Konflikte: Die Hisbollah und Israel tragen den Kampf um den Fortbestand des jüdischen Staates im Südlibanon aus. Israel kämpft stellvertretend für den Westen und die Vereinigten Staaten, die Hisbollah verklärt ihr theokratisch-islamistisches Weltbild. Im Libanon stehen aber auch Christen gegen Muslime – und im muslimischen Lager Sunniten gegen Schiiten. Die schiitische Hisbollah stellt die Grundlagen der Republik radikal in Frage. Ihr Ziel ist es, in Libanon eine islamische Theokratie zu errichten und den jüdischen Staat Israel zu zerstören.

Überholter Nationalpakt

Noch immer ist die Macht im Zedernstaat nach einem religiös-konfessionellen Proporz verteilt. Selbst wenn 1989 in Taif – gegen Ende des zweiten libanesischen Bürgerkriegs – der Nationalpakt von 1943 überarbeitet wurde, gilt auch 2006 die Machtverteilung zwischen Christen und Sunniten, die vor 63 Jahren am meisten Einwohner gestellt hatten.

Auch das Abkommen von Taif tariert vorrangig das Verhältnis von Christen und Sunniten aus. Unverändert stellen die maronitischen Christen den Staatspräsidenten; seit 1998 ist das der ehemalige Generalstabschef Emile Lahoud. Die Sunniten haben Anrecht auf die Position des Regierungschefs: Ihr oberster Amtsträger ist Ministerpräsident Fouad Siniora.

Nur eine Nebenrolle spielen offiziell die Schiiten. Sie stellen den Parlamentspräsidenten Nabi Berri. Ins 128 Sitze umfassende Parlament entsenden sie nur 21 Abgeordnete. Dabei sind sie heute bevölkerungsmässig die stärkste Gruppe. Nach vorsichtigen Schätzungen umfasst ihr Anteil 40 Prozent, sie selber sprechen von der Hälfte. Die Schiiten vermehren sich schneller als die Sunniten und die Christen. Nur wenige wandern aus. Und wirtschaftlich hat die traditionell arme Schicht bis zum Kriegsausbruch in einzelen Sektoren leicht aufgeholt.

Die «Partei Gottes»

Berri steht der angestammten Schiiten-Partei Amal vor. Aber noch im Bürgerkrieg verlor er die Vorrangstellung innerhalb der schiitischen Glaubensgemeinschaft an die 1982 gegründete Hisbollah, die «Partei Gottes».

Der wahre Anführer der libanesischen Schiiten ist Scheich Hassan Nasrallah, der charismatische Hisbollah-Chef. Gegenüber der amerikanischen Aussenministerin Condoleezza Rice erhob Berri Anspruch auf das Amt des Premierministers. Aber die Sunniten und die Christen verwehren ihm diese Stellung.

Waffen statt politischer Macht

Seit dem Bürgerkrieg gleichen die Schiiten ihre fehlende politische Macht mit den Waffen der Hisbollah aus. Im Libanon wagten es weder die Regierungsarmee noch die französisch geführte UNO-Friedenstruppe UNIFIL, die Hisbollah-Milizen zu entwaffnen.

Die Hisbollah verfügt über ein beachtliches Arsenal von modernen Waffen. Sie ist stark im Bereich der Kurz- und Mittelstreckenraketen und setzt im Bodenkampf panzerbrechende Munition ein. Ihre jungen Kämpfer sind im Guerillakrieg gut ausgebildet und schlagen sich todesmutig. Offensichtlich funktioniert auch die politische und militärische Führung der Terrororganisation. Das Hauptquartier befindet sich in einem Bunker unterhalb der iranischen Botschaft in Beirut.

Geschwächt – nicht ausgeschaltet

Niemandem ist es bisher gelungen, der Hisbollah die Waffen aus der Hand zu schlagen. Selbst die gefürchtete israelische Luftwaffe und israelische Elite-Bodentruppen bissen sich an den «Gotteskriegern» die Zähne aus. Israelische Piloten griffen vereinzelt auch Ziele im Christengebiet nördlich von Beirut und an der Strasse von Beirut nach Damaskus an.

Schwergewichtig richteten sie ihre Bomben und Raketen aber auf die schiitischen Hochburgen. Die israelischen Streitkräfte haben den Waffenbestand der Hisbollah dezimiert und viele gegnerische Kämpfer getötet; aber ausgeschaltet haben sie die Hisbollah als Militärmacht bei weitem nicht.

Dichtes soziales Netz

Zudem verfehlte es Israel, das dicht geknüpfte gesellschaftliche Netz der Hisbollah zu durchlöchern. Die Macht von Scheich Nasrallah leitet sich nicht allein aus der militärischen Leistung seiner Milizen ab. Sie beruht auch darauf, dass die Institutionen der Hisbollah weit stärker sind als die Einrichtungen des Staates.

Die Sozialdienste der Hisbollah arbeiten zuverlässig; die Terrororganisation betreut die Armen und betreibt Schulen und Spitäler. Es ist wie in Palästina, wo das soziale Netzwerk der Hamas die Leistungen der korrupten Fatah-Cliquen übertrifft. Im Januar 2006 gewann die Hamas die Wahlen, weil sie sich der palästinensischen Bevölkerung intensiver angenommen hatte als die Fatah-Führung, die nur noch zu ihrem eigenen Vorteil arbeitete.

Robuste Friedenstruppe gefordert

Die Stärke der Hisbollah gründet in der Schwäche des Staates Libanon. Präsident Lahoud führt laut Verfassung auch die Armee; aber längst ist er ein Befehlshaber ohne Gefolgschaft. Seine operettenhaft auftretenden Streitkräfte sind nicht einmal imstande, in der nördlichen Bekaa den Waffenschmuggel, den Opiumanbau und die Einnistung erster al-Kaida-Zellen zu unterbinden. Wie im Irak müsste eine leistungsfähige, geordnete Armee erst aufgebaut werden.

Israel schliesst den Einsatz einer internationalen Friedenstruppe nicht mehr aus. Wie 1995 in Bosnien müsste ein robuster Kampfverband das jetzige Friedenskorps ablösen. Sollte es zu einem späteren Zeitpunkt im Libanon zu einem Eingreifen von aussen kommen, wären nicht mehr weisse Transportwagen und blaue Helme gefragt, sondern schwere Kampfpanzer und eine Truppe, die sich notfalls auch militärisch durchsetzen kann.

Sollte der Libanon wirklich befriedet werden, wären mehrere 10 000 Soldaten nötig. Sie müssten im Südlibanon, entlang der syrischen Grenze und oben in der Bekaa auch in und um Baalbek Aufstellung nehmen. An der Grenze müsste Syrien ein Mindestmass an Kooperation leisten. In dieser Richtung kommen aus Damaskus indessen keinerlei Signale. Im Gegenteil: Präsident Baschar Asad stellt sich jetzt schon gegen eine Stationierung von Truppen an seiner Grenze.

Kriegsausgang offen

Der schwache Staat Libanon ruft gerne ausländische Truppen ins Land. Die letzten Interventionen sind gescheitert. Die UNO-Resolution 1559 führte im Süden nicht zur Befriedung. Die UNIFIL dachte nicht daran, die Hisbollah zu entwaffnen. Die «Zedern-Revolution» von 1995 zwang die syrischen Streitkräfte zum Rückzug, aber sie stabilisierte den Staat nicht. *Gegen* die Hisbollah sind die starken Institutionen, die das Land so dringend braucht, nicht aufzubauen.

Viel hängt vom Verlauf des Krieges ab. Am 10. August beschloss das israelische Kabinett, die Bodenoffensive im Südlibanon auszuweiten. Die israelische Armee führt nun auch terrestrisch stärkere Kräfte ins Treffen. Ihre Führung ist ermächtigt, bis zum Litani-Fluss vorzustossen. Noch ist der Ausgang des Waffengangs ungewiss. Der militärische Endzustand wird den Rahmen für die Neuordnung abstecken, die im Libanon unumgänglich ist.

Mit jedem Tag, an dem sich die Hisbollah gegen Israel behauptet, wachsen der Nimbus und die Macht von Scheich Nasrallah.

10 Quzayr, 14.August 2006: Allein im Feindesland

Der folgende Bericht stammt von einem israelischen Mitrailleur, der mit seiner Mineur-Kompanie am Krieg teilnahm.

Unsere Kompanie wurde kurz vor Kriegsende mobilisiert. Wir erhielten einen schwierigen Auftrag: Wir sollten 10 Kilometer tief nach Libanon vorstossen und einen Hisbollah-Stützpunkt zerstören.

Auf Luftbildern sahen wir die Bunker, und unser Nachrichtenoffizier berichtete von einer gut ausgebildeten, gut gerüsteten Hisbollah-Einheit. Unsere Flieger hatten die Stellung bombardiert, aber noch immer schoss die Hisbollah vom Stützpunkt aus Katjuscha-Raketen nach Haifa, Naharija und Sefad. Nur am Boden konnten wir die Werfer ausschalten und die Fedayin töten. Wir wussten, dass auch wir Opfer erbringen mussten. Wenn man die Schlange aus dem Loch zieht, dann beisst sie.

Neun Tote, 40 Verwundete

Nach drei Tagen Training überquerten wir die Grenze zu Fuss. Wir marschierten eine Nacht lang. Als der Tag anbrach, besetzten wir das Dorf Quzayr. Wir setzten Granaten und Raketen ein, sprengten Türen auf und nahmen Häuser in Besitz.

Am Tag ruhten wir in den Häusern. Vor uns schlugen Granaten unserer Artillerie ein. Die Fedayin wussten, dass wir uns im Dorf befanden, aber nicht genau wo. Wahllos feuerten sie Raketen und Mörsergeschosse auf das Dorf. Wir hörten das Feuer von Maschinengewehren; doch war es eigenes Feuer oder gegnerisches?

Am Morgen erhielten wir über Funk schreckliche Nachrichten: Im Nachbardorf 800 Meter östlich von uns waren Panzerabwehrraketen eingeschlagen. Sie trafen die Kompanie, die parallel zu uns vorgerückt war. Die Wirkung war verheerend: Neun Tote, 40 Verwundete. Wir hatten mit den Kameraden zusammen Tee getrunken, bevor wir die Grenze überschritten. Nun hörten wir ihre Hilferufe über den Funk.

Koordinaten für die Artillerie

Gegen Abend bekamen wir einen neuen Auftrag. Wir bezogen eine Stellung zwischen den Dörfern. Wir sicherten in der Nacht die Evakuierung der Gefallenen und Verwundeten. In der Morgendämmerung besetzten wir Quzayr erneut. Zuerst legten wir uns in den Badezimmern auf den Boden; wir achteten darauf, dass wir uns in Zimmern schützten, die keine äusseren Wände hatten. Zwei lange Tage und Nächte blieben wir in Quzayr.

Am Tag dirigierten wir das Feuer der Artillerie und der Luftwaffe. Sobald die Hisbollah Katjuscha-Werfer in Stellung brachte, gaben wir die Koordinaten durch. Wir krochen in zerstörte Häuser und schossen unsere Raketen auf die gegnerischen Batterien. Unsere Artillerie schoss ununterbrochen ins Tal hinein. Unsere F-16 warfen schwere Bomben ab; es war, als würden sie die Luft zerreissen.

Eine Stunde Schlaf

Selber gerieten wir unter Minenwerferbeschuss. Wir hörten das Pfeifen der Mörsergranaten. Wir duckten uns in der Deckung und hofften, dass uns die Geschosse verfehlten. Nachts suchten wir einen anderen Unterschlupf auf. Die Hisbollah-Kämpfer sollten nicht wissen, wo wir uns aufhielten. Wir horchten ihren Funk ab und hörten, wie sie ihre Granaten in Häuser schossen, die wir verlassen hatten. Wir schliefen fast nie, höchstens einmal eine Stunde.

Die Bergung der Kameraden im Nachbardorf verlief schleppend. Einer unserer Panzer wurde getroffen, und noch einmal verloren vier Soldaten das Leben. Die israelische Armee lässt Kameraden nie im Stich. Das ist gut so. Als alle Gefallenen und Verwundeten geborgen waren, setzten wir unseren Marsch nach Norden fort. Zwei Nächte lang rückten wir von Deckung zu Deckung vor.

Schmutzig und erschöpft

Kurz vor unserem Ziel erwarteten wir die Helikopter, die uns mit Wasser und Munition versorgen sollten. Unser Auftrag lautete immer noch, den Raketenstützpunkt 10 Kilometer von der Grenze zu zerstören. Dazu brauchten wir neue Munition. Wir sollten den Sprengstoff aufnehmen und dann die Hisbollah-Stellung ausschalten. Wir waren schmutzig und erschöpft, aber auch glücklich, dass wir die Packungen kurz ablegen durften.

Helikopter voll getroffen

Nun geschah das Unfassbare. Die Helikopter kamen an, sechs an der Zahl. Wir dachten, der Ort ist sicher und die Helikopter landen 200 Meter von uns entfernt. Wir duckten uns hinter Felsen. Aber die Helikopter landeten nicht, sie liessen das Wasser und die Munition einfach fallen. Sie flogen über unsere Köpfe und drehten nach Osten ab – zurück nach Israel.

Dann, wie in einem Traum, sah ich eine Rakete aufsteigen – vielleicht 100 Meter von unserem Fels entfernt. Ich brauchte einen Augenblick, bis ich erkannte, was geschah. Die Rakete traf den vierten Helikopter an dessen linker Flanke, vielleicht 40 Meter über meinem Kopf. Der Pilot hebelte an seinen Instrumenten herum, dann explodierte der Helikopter in einer riesigen Feuerkugel.

Angst und Schrecken

Wir dachten, der Helikopter stürzt auf uns, und für einen Moment empfanden wir unbeschreibliche Angst. Aber der zerstörte Helikopter trieb ab, überschlug sich und fiel auf den Abhang, ganz nahe von uns. Schwarzer Rauch stieg auf, und beissend heiss brannte der Helikopter aus. Mein Hauptmann sagte: «Mein Gott, mein Gott.» Sofort schlugen Hisbollah-Granaten ein, und wir suchten erneut die Deckung auf. Rund um uns herum brannte nun auch das dürre Gestrüpp lichterloh.

Die intakten fünf Helikopter stiessen Leuchtkugeln aus und flogen weg. Eine zweite Rakete verfehlte einen neu eintreffenden Black-Hawk-Helikopter knapp, dessen Pilot die Absturzstelle in Augenschein nahm. Auch der Black Hawk stiess Leuchtkugeln aus, um das gegnerische Feuer abzulenken. Dann entfernte sich auch er.

Das Wasser geht aus

Maschinengewehrfeuer flammte auf, aber wieder war unklar, von wem es stammte. Es kam aus der Richtung, von wo aus die Rakete aufgestiegen war. Ich schoss nicht, weil ich unsicher war; vielleicht war es eine eigene Stellung, und ich wollte nicht auf Kameraden schiessen.

Wir wussten, dass die Hisbollah alles unternehmen würde, um den toten Piloten und die Besatzung aus dem zerstörten Helikopter zu holen. So liessen wir eine Gruppe zurück, die das Wrack bewachte. Später erfuhren wir, dass im Helikopter fünf Kameraden umgekommen waren. Das war mehr, als wir ertragen konnten. Der Helikopter war mit 30 Soldaten an Bord gestartet; bevor er zu uns flog, hatte er an einem andern Frontabschnitt 25 Soldaten abgesetzt.

Wegen dem Absturz erhielten wir unseren Nachschub nicht. Das traf uns hart. Uns drohte nämlich das Wasser auszugehen. In der Nacht warfen Flugzeuge

Packkörbe mit Wasser ab; allein wir fanden im Dunkeln die Körbe nicht. Am Morgen gingen die Scharfschützen der Hisbollah in Stellung, und die Minenwerfer-Kanoniere zogen ihre Mörser wieder aus den Bunkern. Wir suchten rechtzeitig Deckung.

In Gedanken versunken

Wir versteckten uns in einem Olivenhain und gruben Löcher. Ich fand keinen Schlaf. Ich war zu erschöpft und drohte auszutrocknen. Seit wir die Grenze überschritten hatten, war ich insgesamt zu vier Stunden Schlaf gekommen. Stets hatte ich das schwere Maschinengewehr getragen – und die Schutzweste und die Munition.

Dann erhielt ich Salzinfusionen. Ich wollte von den letzten Kampfrationen ein wenig essen. Aber schon der erste Bissen blieb mir im Hals stecken. Mit drei Kameraden hockte ich schweigend im Loch. Jeder war in Gedanken versunken, jeder wusste, wie schlecht es stand. Ein ungewisses Schicksal stand uns bevor. Eines Tages werde ich die Gefühle beschreiben, die uns beschlichen. Jetzt bin ich dazu nicht imstande.

Besatzung geborgen

Als es eindunkelte, rafften wir uns auf. Unsere Offiziere waren entschlossen, den Auftrag zu erfüllen. Aber wir hatten kein Wasser mehr. Über den Funk hörten wir: «Die gefallene Helikopterbesatzung ist geborgen. Sie wird an einen sicheren Ort gebracht. Dort nimmt sie ein Helikopter auf und bringt sie nach Israel.»

Unser Kommandant teilte die Kompanie auf. Ein Detachement sollte unsere drei Verwundeten evakuieren; auch sie sollten zum Helikopterlandeplatz gebracht und nach Israel ausgeflogen werden.

Das andere Detachement sollte die Wasserkörbe suchen, die abgeworfen worden waren. Nachher sollten sich die beiden Detachemente wieder zusammenschliessen und den Hisbollah-Stützpunkt angreifen. Wir wollten endlich die Werfer ausschalten, die Israel beschossen.

«Stellt das Feuer ein»

Ich wurde dem Detachement zugeteilt, das die Verwundeten evakuieren sollte. Als wir uns auf den Weg machten zum Landeplatz, schaltete der Zugführer den Funk laut auf.

Der Generalstab teilte allen Einheiten mit: «Stellt sofort das Feuer ein, Israel befolgt den Waffenstillstand.» Wir wussten nicht, was für eine Feuereinstellung und was für ein Waffenstillstand. Aber wir erkannten sogleich: Das Schiessen war vorbei, zumindest für den Augenblick.

Als mein Zugführer von der Waffenruhe hörte, entschied er, dass ich mit den Verwundeten evakuiert werden sollte; ich war zu erschöpft und zu ausgetrocknet, um noch zu marschieren. Nun war ich wieder in der Gegend, wo ich den Helikopter hatte abstürzen sehen – und wartete selber darauf, in einen Helikopter zu steigen.

Aus dem Dunkel der Nacht tauchte der Black Hawk auf. Nachdem er gelandet war, brachten wir die Verwundeten und die Säcke mit den Gefallenen zur Landestelle. Wir warfen uns in den Helikopter. Der Pilot hob ab und drehte eine scharfe Kurve – in Richtung Israel. Mit Leuchtkugeln köderte er Hisbollah-Geschosse.

Endlich Wasser

Ich selber lag zwischen den Toten und den Verletzten. Die Besatzung stieg über uns hinweg. Ich sah nur die Köderkugeln und wusste nicht, weshalb der Helikopter so schief flog: War es zum Schutz oder waren wir getroffen? Einen Wimpernschlag lang dachte ich: Wir prallen auf. Aber der Pilot schaffte es, und bald waren wir ausser Schussweite der Hisbollah.

Im Spital wurde ich gut behandelt. Endlich bekam ich Wasser. Ich möchte, dass meine Einheit weiss, dass es mir wieder besser geht. Tut mir leid, Kameraden, dass ich euch Sorgen machte.

11 Safed, 20. August 2006:
Nachbeben in Israel

*«Ich möchte nicht Olmert heissen, und
auch nicht Peretz, und nicht Halutz.»
(israelischer Soldat, Golani-Brigade)*

Nach dem unentschiedenen zweiten Libanon-Krieg
erschüttert ein politisches und militärisches Nachbe-
ben den Staat Israel. Minister beschuldigen Generäle,
hohe Offiziere streiten untereinander, jeder schiebt
jedem die Schuld in die Schuhe.

Verteidigungsminister Amir Peretz, der in Armee-
fragen unerfahrene frühere Gewerkschaftsführer, ernannte den ehemaligen Generalstabschef Amon
Lipkin-Shahak zum Chef der Kommission, welche die
Leistung der Militärführung untersuchen soll. Die
Streitkräfte stellen Lipkin-Shakak in Frage, weil dieser
dem Minister als Berater dient. Der amtierende Ober-
befehlshaber, General Dan Halutz, argwöhnt, Lipkin-
Shahak werde Peretz mit Samthandschuhen anfassen.

Der Krieg der Generäle

Halutz geriet am 15. August selber unter Beschuss. Die
konservative Tageszeitung «Maariv» enthüllte, der Generalstabschef habe am 12. Juli drei Stunden nach
Kriegsbeginn vom Hauptquartier aus seine Bank ange-
rufen und sein Aktienportefeuille verkauft. Halutz hat-

te in den 33 Kampftagen als ehemaliger Pilot kühlen Kopf bewahrt und die Operationen so gut geführt, wie es ihm die widersprüchlichen Richtlinien der Regierung erlaubten. Jetzt werfen ihm Politiker und Kommentatoren vor, er habe am ersten Kriegstag in höchster Bedrängnis die Prioritäten falsch gesetzt und den eigenen finanziellen Vorteil gesucht.

Durchzogene Bilanz

Widerstand löste Halutz schon aus, als er Generalmajor Udi Adam, den Kommandanten der Nordfront, entmachtete und ihm Generalmajor Moshe Kaplinsky, seinen eigenen Stellvertreter, vor die Nase setzte. Adams Stab stellte sich in Safed, im Hauptquartier der Nordfront, vor den Abgesetzten. Halutz wurde nun selber beschuldigt, er habe zu lange auf die Luftwaffe vertraut und den unvermeidlich gewordenen Bodenkrieg zu wenig entschlossen geführt.

Militärisch stiessen die israelischen Streitkräfte am 32. Kriegstag an den Litani-Fluss vor. Sie zerstörten zahlreiche Hisbollah-Stellungen und töteten viele «Gotteskrieger». Die Hanit, eine ihrer drei Korvetten, erlitt einen Raketentreffer, doch die Seeblockade auf dem Mittelmeer hielt. Von an Anfang kämpften die regulären Elitebrigaden tapfer, und die spät mobilisierten Reservedivisionen erfüllten ihren Auftrag trotz ungenügendem Training unter Verlusten.

Die Kriegsziele wurden nicht erreicht. Weder befreiten die Spezialeinheiten die beiden entführten Soldaten Ehud Goldwasser und Eldad Regev noch schal-

74

teten die Luftwaffe, die Artillerie, die Panzer- und Infanteriebataillone die Raketenstellungen der Hisbollah aus. Im Gegenteil: Am 13. August, am letzten vollen Kriegstag, schlugen in Galiläa noch einmal rund 250 Katjuscha-Geschosse ein – mehr denn je zuvor.

Die Hisbollah führte den Israeli und der Welt noch einmal vor Augen: Unsere Kampfkraft ist ungebrochen, wir könnten noch lange kämpfen, unsere Arsenale sind gut gefüllt, wir haben den israelischen Streitkräften widerstanden.

Schwammige UNO-Resolution

Negativ nimmt sich die politische Bilanz aus, die Ministerpräsident Ehud Olmert ziehen muss. Er suchte ein Ende der verlustreichen Kampfhandlungen und ging auf die UNO-Resolution 1701 ein, die für Israel Nachteile aufweist:

Erstens gibt sie der geplanten Friedenstruppe kein robustes Mandat gemäss Kapitel 7 der UNO-Charta. Ein leicht bewaffneter Verband wie die bestehende UNIFIL dient Israel im Südlibanon wenig. Was es jetzt braucht, sind nicht weisse Panzer und blau leuchtende Helme. Nötig wäre ein robustes, massiv bewaffnetes Einsatzkorps.

Zweitens sieht die Resolution keine Instrumente vor, die Iran und Syrien vor weiteren Waffenlieferungen abhalten könnten. Nur wenn es gelingt, den Nachfluss von Kriegsgerät an die Hisbollah zu unterbinden, verringert sich die Gefahr, dass Kämpfe wieder ausbrechen.

Drittens fehlen die Werkzeuge, die Hisbollah zu entwaffnen. Schon hat die libanesische Regierung eingewilligt, dass die «Gotteskrieger» ihre Waffen behalten dürfen. Die Bestimmung, sie dürften ihr Kriegsgerät nicht offen zeigen, mutet wie Hohn und Spott an. Es war ja gerade die Stärke der Hisbollah, dass sie ihre Rüstung verborgen hielt und so selbst den israelischen Geheimdienst täuschte.

Grundsätze ohne Not aufgegeben

Viertens ist der Verweis auf die libanesischen Streitkräfte wenig wert. Die Regierungsarmee ist schwach geführt, schlecht ausgebildet und ungenügend gerüstet. Zudem ist ihre Motivation gering, die Hisbollah im Zaum zu halten. Die oberen Kader sind in der Regel maronitische Christen; die Mannschaft umfasst auch Schiiten, die nicht den Wunsch verspüren, gegen die Hisbollah vorzugehen.

Fünftens gibt Israel die Politik auf, auf die eigene Kraft zu vertrauen und internationale Truppen fernzuhalten. Seit Ende Mai 1967 die Vereinten Nationen Israel im Stich liessen, galt die Parole: Israel muss selber für seine Sicherheit sorgen, fremde Armeen können das nicht. Ohne Not wich Olmert von diesem ehernen Grundsatz ab.

1973: Fehler ahnden

Am 6. Oktober 1973 erlitt Israel am Jom Kippur, am Tag der Versöhnung, schwere Verluste gegen die überraschend angreifenden Ägypter und Syrer. Die Agranat-

Kommission untersuchte nach dem Krieg das Nach-richtendebakel. Sie empfahl der Ministerpräsidentin Golda Meir, dem Verteidigungsminister Moshe Dayan und dem Generalstabschef David Elazar, den Hut zu nehmen. So geschah es denn auch.

1982: Strenge Konsequenzen

Elf Jahre später, am 16. September 1982, massakrierten libanesische Phalange-Milizen in Beirut mehrere 100 palästinensische Flüchtlinge, die sich in den Lagern von Sabra und Shatilla aufgehalten hatten. Israelische Kompanien sahen dem Blutbad tatenlos zu.

Ministerpräsident Menachem Begin betraute Jitzhak Kahan, den obersten Richter des Landes, mit der Untersuchung. Kahan empfahl, den Verteidigungs-minister Ariel Sharon und die verantwortlichen Offi-ziere abzusetzen. Auch das geschah so (Sharon kehrte dann aber in die Politik zurück).

Olmert und Peretz unter Druck

Am 12. Juli 2006 entschied Ehud Olmert innert einer halben Stunde, den Krieg gegen die Hisbollah zu eröff-nen. Ihm lasten Politiker und Generäle den Schlinger-kurs an, den er einen Monat lang zum Schaden des Lan-des fuhr. Olmerts Schwanken und seine zahlreichen Schnitzer waren nicht so eklatant wie die Fehler von 1973 und 1982.

Aber politisch dürfte der Regierungschef nicht so einfach davonkommen; er gelangte am 4. Januar 2006 nur an die Macht, weil Sharon einen derart schweren Schlaganfall erlitten hatte, dass er nicht mehr regieren konnte. Vorher war Olmert stets im übermächtigen Schatten Sharons gestanden.

Auch Amir Peretz wird den Krieg nicht ohne Schaden überstehen. Nach der unentschiedenen Knesset-Wahl vom 28. März bestand er darauf, das Verteidigungsministerium zu übernehmen. Von Strategie und Militär verstand er wenig, aber als Chef der Arbeiterpartei setzte er seinen Kopf durch. Wohl umgab er sich mit einem «Küchenkabinett» von ehemaligen hochrangigen Offizieren. Aber ihr Rat war offensichtlich nicht gut genug.

118 Gefallene

In Israel geben die Regierung und die Armee nach jedem Krieg Statistiken bekannt. Am meisten interessiert die Öffentlichkeit die Zahl der eigenen Gefallenen. Die Tageszeitungen bringen schon an den Kampftagen ausführliche Lebensläufe der Soldaten, die umkamen – oft verbunden mit rührenden Aussagen von Eltern und Freunden.

Laut offiziellen Angaben fielen im zweiten Libanon-Krieg vom 12. Juli bis zum 14. August 2006 118 Soldaten. Im Vergleich dazu liessen im Unabhängigkeitskrieg von 1948/49 rund 6000 Israeli das Leben. Im Sechstagekrieg vom Juni 1967 waren es 650, im Jom-Kippur-Krieg vom Oktober 1973 gut 2800. Der erste Libanon-Krieg vom Sommer 1982 forderte in der israelischen Armee 670 Menschenleben, zu denen bis zum Mai 2000 während der Besetzung des Südlibanons noch so viele Opfer kamen, dass die Gesamtzahl von 1000 überschritten wurde (was für den damaligen Ministerpräsidenten Ehud Barak ein Hauptgrund war, die Streitkräfte zurückzuziehen).

Die Zahl der Gefallenen löst in Israel heftige Kontroversen aus. Olmert hält sich zugute, keine Leben mehr geopfert zu haben, als sich der Waffenstillstand abzeichnete. Demgegenüber wirft Benjamin Netanjahu, Chef der Likud-Partei und Oppositionsführer, dem Ministerpräsidenten vor, er habe die Nerven verloren. Das zu frühe Einlenken werde in einem künftigen Krieg mehr Menschenleben kosten.

Edward Luttwak, der Altmeister unter den Militärstrategen, unterstützt Netanjahu. Im Vergleich zu allen vorangegangenen Kriegen hielten sich die Verlustzahlen in Grenzen.

4000 Hisbollah-Raketen

Wie die israelische Polizei mitteilt, schlugen im Norden des Landes in den 33 Kriegstagen rund 4000 Hisbollah-Raketen ein. 900 Geschosse landeten in Städten und Dörfern. 42 Zivilisten kamen um. In den Spitälern wurden gut 4200 Personen behandelt. Von ihnen waren 1500 verletzt, die anderen erlitten einen Schock.

Am heftigsten suchte die Hisbollah die Stadt Kiriat Shmona heim. Die grosse Ortschaft liegt im fruchtbaren Hule-Tal nur zwei Kilometer von der libanesischen Grenze entfernt. Mehr als 1000 Raketen schlugen in der Stadt und ihrer Umgebung ein. 2000 Häuser und Wohnungen wurden beschädigt. Von den

24 000 Einwohnern blieben nur deren 6000 in der Ortschaft, die jeden Tag unter Feuer lag. Während des ganzen Krieges wirkten die Strassen wie ausgestorben – es war wie in einer Geisterstadt.

15 500 Lufteinsätze

Die israelische Luftwaffe flog 15 500 Einsätze (im Vergleich dazu kam die NATO während des 78-tägigen Kosovo-Krieges von 1999 auf 37 000 Einsätze). Die israelischen Piloten griffen mehr als 7000 Ziele an. Von den 15 500 Einsätzen waren 10 000 Kampfeinsätze von Flugzeugen. Die Kampfhelikopter flogen 2000 Einsätze, die Transporthubschrauber 1000. 1300 Flüge galten der Aufklärung. Zu 1200 Einsätzen stiegen Transportflugzeuge auf.

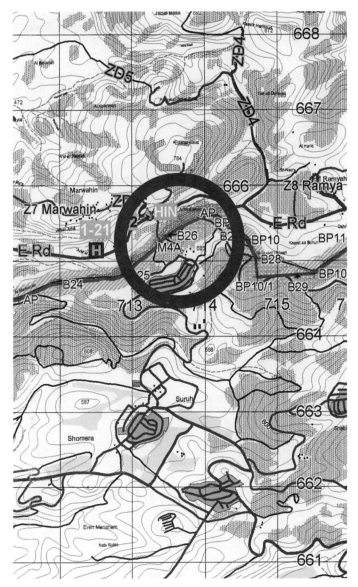

Am 12. Juli 2006 überfiel bei Zarit ein Hisbollah-Stosstrupp
eine israelische Patrouille.

19. Juli 2006: Vorstoss von israelischen Bodentruppen aus
dem Raum Avivim in Richtung Bint Jubeil.

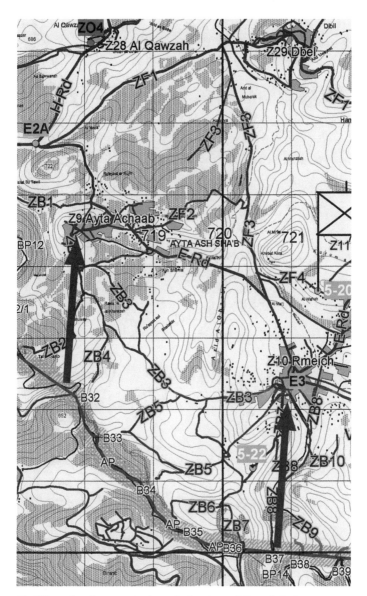

Zu Kämpfen kam es in Ayta Achaab und Rmeich. Ayta
Achaab ist schiitisch, Rmeich christlich.

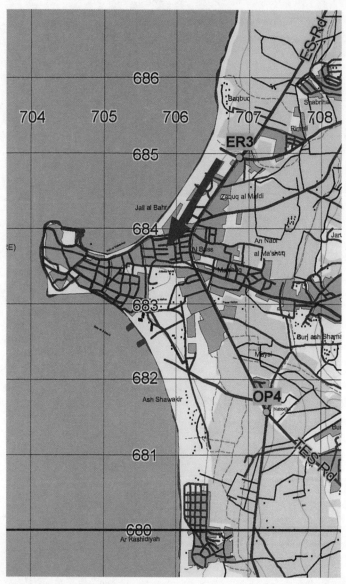

Die israelische Commando-Operation vom 5.August 2006
in der Hafenstadt Tyr.

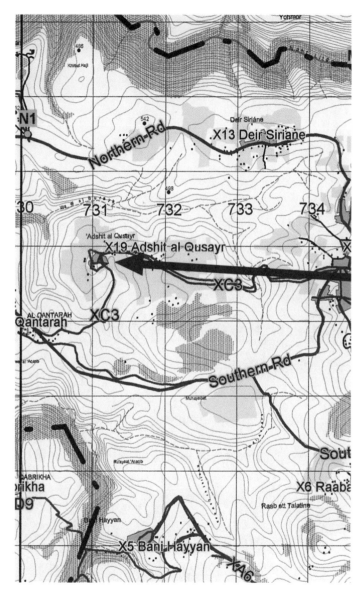

Der Vormarsch nach Quzayr, den ein israelischer Mitrailleur im Kapitel 10 beschreibt.

Die Waffenstillstandlinie zwischen Israel und Libanon mit dem israelischen Grenzzaun.

Ein Merkawa-Panzer in voller Fahrt. Der Merkawa trug die
Hauptlast des Panzerkampfes.

Ein M-113-Schützenpanzer rückt vor. Der M-113 wurde
schon 1982 im Libanon eingesetzt.

19. Juli 2006, unterhalb von Avivim am Grenzzaun:
Ein Merkawa bezieht Stellung.

Der Merkawa dreht das Rohr und nimmt die Hisbollah-
Stellung in der rechten, oberen Bildecke unter Beschuss.

An der Strasse 899 von Avivim nach Kiriat Shmonah: Nach einem Katjuscha-Einschlag brennt das Gestrüpp.

Artilleriegranaten schlagen ein. Im Juli war der Südlibanon so trocken, dass jeder Einschlag ein Feuer entfachte.

Israelischer F-16 Pilot. Nie
sind die Gesichter zu sehen.

Ein Panzergrenadier der
israelischen Armee.

Das Bild zeigt die Korvette Hanit, die am 14. August 2006 um
20.15 Uhr von einem Marschflugkörper getroffen wurde.

Die UNO-Basis der Observer Group Lebanon im Gebiet
von Khiam vor der Bombardierung

Nach der Bombardierung durch die israelische Luftwaffe
steht nur noch ein Trümmerhaufen.

Die Fahnen der UNO und der Hisbollah.

Schwerer Treffer über der Ortschaft Khiam.

Indische Soldaten bergen einen UNO-Beobachter. Bei Khiam kamen vier Beobachter ums Leben.

Israelische Soldaten nehmen einen mutmasslichen Hisbollah-Kämpfer fest. Die Guerillakämpfer sind schwer zu fassen.

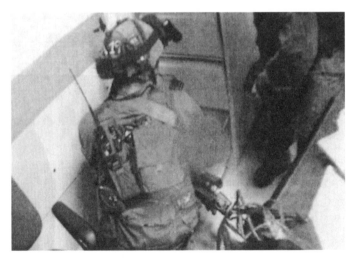

Der Einsatz israelischer Sondertruppen in einem Hisbollah-Krankenhaus in Baalbek.

Eine israelische Familie auf der Flucht. Hunderttausende
flohen, Hunderttausende lebten in Bunkern.

Geisterstadt Kiriat Shmona: Die Ortschaft unmittelbar an
der Grenze war im Krieg fast menschenleer.

Der UNO-Stützpunkt bei der Ortschaft Marwahin unmittelbar an der Grenze. Er blieb intakt.

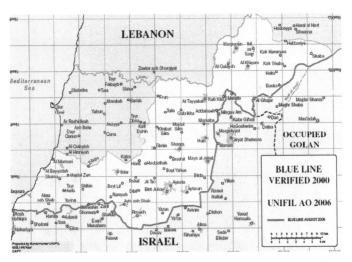

Das Grenzland zwischen Israel und Libanon. Hellgelb das Operationsgebiet der UNO-Friedenstruppe.

Beirut: Die Gedenkstätte erinnert an den 18. April 1996, als in Qana zahlreiche Menschen umkamen.

Hisbollah-Denkmal direkt an der Grenze bei Metulla. Unmittelbar dahinter die israelische Grenzanlage.

12 Hadera, 20. August 2006: Der Protest der Soldaten

Am 14. August 2006 stellten die israelischen Streitkräfte um 8 Uhr Ortszeit das Feuer ein. Erste Brigaden kehrten aus dem Kampfgebiet nach Israel zurück. Namentlich in den Reserveverbänden regte sich Widerstand gegen die Regierung und den Generalstab. In Hadera unterschrieben Hunderte von Soldaten der Brigade Hod Hachanit die folgende Petition, die sie direkt an Generalstabschef Dan Halutz richteten. Auch Kommandanten setzten ihre Namen unter das Dokument. Hod Hachanit heisst Speerspitze; die Brigade zählt zu den Eliteverbänden der israelischen Streitkräfte.

Wir, die Kämpfer und Kommandanten der Brigade Hod Hachanit, erhielten das Aufgebot am 30. Juli 2006. Wir folgten dem Marschbefehl Nummer 8. In allen Bataillonen der Brigade rückten alle Aufgebotenen rechtzeitig ein.

Als wir die Waffen und die Ausrüstung übernahmen, wussten wir, was auf uns wartete. Wir liessen unsere Frauen und Kinder, unsere Freundinnen und Familien zurück. Wir gingen weg von unseren Arbeitsplätzen und unserer vertrauten Umgebung. Wir waren bereit, unseren Auftrag zu erfüllen. Wir wussten, dass wir schwierige äussere Bedingungen antraten. Wir rechneten mit Hitze, Durst und Hunger.

Jeder wusste auch, worum es ging. Wir waren bereit, für die gerechte Sache des Staates Israel zu kämpfen, für seine Bürgerinnen und Bürger. Wir waren auch bereit, unser Leben zu lassen.

Trägheit und Passivität

Aber in einer Hinsicht waren wir nicht bereit, alles hinzunehmen: Wir waren nicht willens, Unentschlossenheit und Fahrigkeit zu akzeptieren. Wir konnten und können nicht hinnehmen, dass das Kriegsziel von Anfang an nicht eindeutig festgelegt war und dass es im Verlauf der Kämpfe mehrmals verändert wurde.

Die Unentschlossenheit führte zu Trägheit und Passivität. Die Pläne wurden nicht umgesetzt, und die Aufträge, die wir erhalten hatten, wurden unnötigerweise während des Kampfes aufgegeben. Das konnten und wollten wir nicht verstehen.

Unprofessionelle Befehle

Das wiederum hatte eine lange Verweildauer im Feindesland zur Folge. Wir hielten uns auf gegnerischem Gebiet auf, ohne dass wir erkannten, welchen Zweck unser Verbleiben noch hatte.

Wir mussten erkennen, dass unsere Befehle auf unprofessionellen Überlegungen beruhten. Wir standen tief in feindlichem Territorium; doch sollten wir den Gegner plötzlich nicht mehr in den Kampf verwickeln. Jedem war klar, dass die obere Führung «kalte Füsse» bekommen hatte. Das war offensichtlich und konnte von uns nicht hingenommen werden.

Wozu sind wir da?

Die Unentschlossenheit des Generalstabs war verbunden mit einer tiefen Missachtung für unsere Bereitschaft zum Kampf. Es war, als ob uns jemand ins Gesicht gespuckt hätte. Die Fahrigkeit der Führung widersprach den Grundsätzen und Werten der israelischen Streitkräfte. Es war ein Widerspruch zu allem, was wir gelernt und angewendet hatten.

Wir erhielten einen denkbar schlechten Eindruck. Wir sahen mangelnde Vorbereitungen, Unredlichkeit, fehlende Voraussicht und die Unfähigkeit, rationale Entscheide zu treffen. Wir fragten uns: Warum wurden wir aufgeboten? Wozu sind wir da?

Erneuerung tut not

Jetzt sind wir zurück. Es macht den Anschein, dass die Unmoral und das Fehlen jeglicher Scham als Feigenblätter dienen sollen. Die Fehler sollen vertuscht werden. Wir, die Kämpfer, mussten für die Unterlassungen der letzten sechs Jahre die Folgen tragen.

Wenn wir in der nächsten Schlacht bestehen wollen – und sie kann rasch kommen –, dann muss sich die Führung der israelischen Streitkräfte in ihren Grundfesten erneuern. Wenn das Vertrauen zwischen uns, den Kämpfern, und der oberen Stufe wieder hergestellt werden soll, dann muss jetzt eine gründliche Untersuchung einsetzen, und zwar durch einen glaubwürdigen, kompetenten Ausschuss, den der Staat, nicht die Armeeführung, ernennt.

Konsequenzen ziehen

Wenn der Ausschuss seine Arbeit abschliesst, müssen Konsequenzen gezogen werden. Konsequenzen sind nötig in Bezug auf die strategische Planung und die nationale Sicherheit, aber auch in personeller Hinsicht.

Wir bezahlten einen hohen Preis. Wir kämpften und hätten den Kampf gewinnen können. Aber das wurde uns von der eigenen Führung verweigert. Wenn wir wieder unter die Fahne gerufen werden, folgen wir dem Aufgebot erneut. Wir werden jeden Auftrag erfüllen. Aber wir wollen die Gewissheit haben, dass dieser Auftrag Bestandteil einer sinnvollen Zielsetzung ist. Es geht nur mit einer klar umrissenen Strategie.

Israel darf den Kampf nicht scheuen.

Als Soldaten und Bürger erwarten wir umgehend Antwort.

Ende August 2006 empfing Generalstabschef Dan Halutz Kommandanten von Kampftruppen zu einer offenen Aussprache. Dabei erhoben die Truppenkommandanten schwere Vorwürfe gegen den Generalstab.

13 Tel Aviv, 25. August 2006: Israel rüstet gegen Iran

«Wenn jene, die bisher Israel zerstören woll-
ten, ihre Waffen niederlegen, gibt es keine
Gewalt mehr. Wenn Israel seine Waffen nie-
derlegt, gibt es kein Israel mehr.»
(Botschafter Aviv Shir-On)

Mitten in der bitteren «Manöverkritik» nach dem unentschiedenen Libanon-Krieg zieht Israel die Konsequenzen. In den Brennpunkt rückt der Kampf gegen
den fundamentalistischen «Gottesstaat» Iran.

Geheimvertrag

Im Juli schloss Israel mit der Bundesrepublik Deutschland einen Geheimvertrag ab. Die Kieler Howaldtswerke liefern zwei Dolphin-Unterseeboote nach Israel, die
atomar bestückt werden können. Die beiden Boote
werden in Kiel gebaut und erhalten einen neuartigen
Brennstoffzellenantrieb, der ihnen lange Tauchfahrten
erlaubt.

Der neue Antrieb ist von der Aussenluft unab-
hängig. Die israelische Marine besitzt bereits drei Dol-
phin-U-Boote, die nicht so lange tauchen können wie
das neue Modell. Die lange Tauchzeit verleiht den beiden neuen Booten eine erstklassige nukleare Zweit-
schlagkapazität.

Die Boote kosten 1,27 Milliarden Dollar. Einen Drittel des Kaufpreises entrichtet die deutsche Regierung. Von den drei ursprünglichen Booten schenkte die Bundesrepublik dem jüdischen Staat Israel deren zwei; beim dritten teilten Deutschland und Israel die Kosten.

Nuklearer Zweitschlag

Die ersten drei Boote werden von einem Diesel-Strom-System angetrieben; ihre Batterien müssen häufig ausgewechselt werden. Deshalb eignen sie sich als Träger für atomare Zweitschläge nur bedingt. Die beiden neuen Boote erhalten die Typenbezeichnung U-212. Ihr Antrieb qualifiziert sie für lange, ruhige Fahrten, wie das die angestrebte Fähigkeit zum nuklearen Zweitschlag erfordert.

Zur Bewaffnung gehören sechs Torpedorohre mit dem Standarddurchmesser von 533 Millimetern. Zusätzlich erhalten die Boote vier Torpedorohre mit dem grösseren Durchmesser von 650 Millimetern. Aus diesen vier Rohren kann Israel künftig nuklear bestückte Marschflugkörper abschiessen. Das ergibt zusammen mit der langen Verweildauer unter Wasser die atomare Abschreckung, die Israel in Anbetracht der iranischen Drohungen braucht.

Marschflugkörper im Lager

Die beiden neuen Boote sind mit je 35 Seeleuten besetzt. Ein Boot der U-212-Klasse kann zehn Passagiere mitführen, fährt höchstens 20 Knoten schnell und hat eine Reichweite von 4500 Kilometern. Die Boote sind schwer zu entdecken. Die israelischen Streitkräfte verfügen über Marschflugkörper und begründeten gegenüber den deutschen Behörden den Kaufwunsch mit dem Argument, die Technologie der Howaldtswerke helfe, die Existenz des Staates Israel zu sichern. Die beiden Boote sollen erst im Jahr 2010 geliefert und in Betrieb genommen werden.

Warum versagten die Sensoren?

Bis zum zweiten Libanon-Krieg besass die israelische Rüstungsindustrie einen guten Ruf. Auf dem Gebiet der Elektronischen Kriegsführung galt sie weltweit als Nummer eins. Im Krieg erlitt sie vier Rückschläge:

1. Es gelang den israelischen Streitkräften nicht, die Verbindungen innerhalb der Hisbollah und zwischen der Hisbollah und der iranischen Kommandozentrale in Syrien zu unterbrechen.

2. Iranische Techniker versahen die Hisbollah mit modernem Gerät. Die Hisbollah horchte die israelischen Verbindungen ab. Sie fing Telefongespräche ab, welche israelische Soldaten über Mobilgeräte miteinander führten, weil der Armeefunk versagte.

3. Iranische Geräte blockierten in Radarstationen entlang der Küste die Barak-Schiffsabwehrraketen auf den israelischen Korvetten, die auf dem Mittelmeer patrouillierten.

4. Die israelische Armee vermochte es nicht, das militärische Übermittlungssystem in der iranischen Botschaft von Beirut auszuschalten. Dort war das unter-

irdische Hauptquartier angesiedelt, von dem aus die Hisbollah ihre Operationen führte. Namentlich gelang es der Elektronischen Kriegsführung der Israeli nicht, die Verbindungen von Imad Mughniyeh, des Befehlshabers der Hisbollah, zu kappen.

Irans Technik unterschätzt

Sorgen bereitet die Stärke der Hisbollah auch den Vereinigten Staaten. Auf dem Gebiet der Elektronischen Kriegsführung arbeiten Israeli und Amerikaner eng zusammen. Im Libanon-Krieg neutralisierte die Hisbollah mit iranischer Hilfe die israelische Technik.

Israel rechnet mit einem weiteren Waffengang gegen die Hisbollah, und die USA stehen in direkter Konfrontation mit Iran. Israelische und amerikanische Ingenieure suchen nun fieberhaft die Fehler, die zu den Rückschlägen führten.

Bereits jetzt steht fest, dass die CIA und die israelischen Geheimdienste die iranische Technik unterschätzten. Iran investierte bedeutende Mittel, um die amerikanischen Operationen im Irak abzuhören und zu behindern. Gleichzeitig baute Iran Schutzmechanismen auf.

Manöver im Persischen Golf

Das Wissen und Können in beiden Bereichen, in der offensiven und defensiven Elektronischen Kriegsführung, kam jetzt der Hisbollah zugute. Im Libanon verfügt die Hisbollah über ein Verbindungsnetz, in das die Israeli nicht eindringen konnten.

Iran hielt im April 2006 im Persischen Golf See-
manöver ab. Israelische und amerikanische Experten
geben zu, dass sie damals eine Schlüsselentwicklung
übersahen. Die iranische Marine erprobte den C-802-
Marschflugkörper und Systeme der Elektronischen
Kriegsführung. Die CIA und der Mossad erkannten
nicht, wie weit die Iraner waren; das sollte sich im
Libanon-Krieg rächen.

Neuer Posten gegen Iran

Im personellen Bereich hat Generalstabschef Dan Halutz den Kommandanten der Luftwaffe, Generalmajor
Eliezer Shkedy, zum Befehlshaber des neuen «Kommandos Iran» ernannt. Shkedy ist der Nachfolger von
Halutz an der Spitze der Luftwaffe. Er behält diese
Position und führt in Personalunion das Iran-Komman-
do. Mit der Einführung dieses Kommandos unter-
streicht Halutz die Bedeutung der iranischen Bedrohung.

Der Chef des Iran-Kommandos erhält ausseror-
dentliche Vollmachten. Er erstellt die Operationspläne
für einen möglichen Krieg mit Iran und soll bei einem
Waffengang die israelischen Operationen führen. In
der Konfrontation mit Iran werden ihm auch die ent-
sprechenden Ressourcen des Auslandgeheimdienstes
Mossad und des militärischen Nachrichtendienstes
Aman unterstellt.

Dass Halutz den Kommandanten der Luftwaffe
zum Chef des Iran-Kommandos ernannte, ist kein Zu-
fall. Eine militärische Konfrontation mit Iran wäre vor-

rangig ein Raketen- und Luftkrieg. Käme die israelische Führung zum Schluss, dass sie die iranischen Atomanlagen ausschalten muss, dann müsste sie in erster Priorität eine riesige Fliegeroperation anordnen. Allerdings bestanden in Israel schon vor dem Libanon-Krieg Zweifel, ob Luftschläge allein die iranische Nuklearrüstung genügend zurückwerfen könnten.

Dezentral verbunkert

Nach den 33 Tagen des Libanon-Kriegs verstärken sich die Bedenken. Gegen die gut befestigten Stellungen der Hisbollah war die Luftwaffe machtlos. Namentlich die Katjuscha-Werfer blieben bis zur letzten Kriegsstunde in Aktion. Die iranische Nuklearrüstung ist dezentral angelegt und in tiefen Bunkern stark geschützt.

Die israelischen Pläne umfassen auch Varianten, die eine Landung von Bodentruppen miteinschliessen. Aber die israelischen Planer sind sich bewusst, was für Risiken eine Luftlande-Operation auf iranischem Boden mit sich brächte.

Raketen gegen Raketen

Rund 4000 Hisbollah-Raketen schlugen in knapp fünf Wochen in Nordisrael ein. Gegen die Geschosse verfügte Israel ballistisch über keine Abwehrraketen. Die Katjuscha kommt in Salven und kann in der Luft fast nicht abgefangen werden.

Sie gleicht der Kassam-Rakete der Palästinenser. Die Kassam wird vom nördlichen Gaza-Streifen aus gegen die israelischen Städte Ashkalon und Sderot abgefeuert. Gegen die Kassam-Geschosse prüfte Israel die Entwicklung der Nautilus-Abwehrrakete; aber der Generalstab stellte das Projekt ein.

Zu schwer, zu teuer

Gegen die Nautilus-Entwicklung führten die Operationsplaner ins Feld, das System sei zu schwer und zu unbeweglich, um Kurzstreckenraketen zu bekämpfen. Die Planer verlangten ein mobiles System, das sie an der Gaza- und der Nordfront beweglich einsetzen wollten.

Ins Gewicht fielen auch die Kosten. Raketen zur Raketenabwehr sind teuer. Mit einer Rakete eine Rakete zu treffen, ist gleich schwierig, wie mit einer Gewehrkugel eine Gewehrkugel abzuschiessen.

Wann kommt der nächste Krieg?

Jetzt wird die Entwicklung wieder aufgenommen. Die Kosten spielen nach den Erfahrungen von Haifa und Kiriat Shmona keine Rolle mehr. Ein Abwehrsystem gegen Kassam- und Katjuscha-Geschosse soll so rasch als möglich in Betrieb genommen werden.

Kritisch ist dabei die Zeitachse. In der israelischen Führung gehen die Meinungen auseinander, was die Frage betrifft: Wann bricht der nächste Krieg aus? Pessimisten rechnen mit einer Stillhalte- und Rüstungsphase von wenigen Monaten. Die Hisbollah habe sich im Krieg behauptet und warte nur darauf, die Kämpfe wieder aufzunehmen. Eine andere Denkschule beruht auf der Einschätzung, es gehe mehrere

Jahre, bis sich die Hisbollah von den schweren Schlägen erholt habe, die ihr die israelischen Streitkräfte zufügten. Auch die Hisbollah müsse nachrüsten, neue Kämpfer ausbilden und die teilweise zerstörte Infrastruktur wieder aufbauen.

Atommacht Israel

Der Staat Israel besitzt seit den späten Sechzigerjahren Nuklearwaffen. Zwar gab Israel nie zu, eine Atommacht zu sein. Auch heute, rund 40 Jahre nach Einführung der Kernsprengköpfe, streitet Israel ab, nuklear bewaffnet zu sein. Selbst in Büchern streicht die Militärzensur den Begriff «Atomwaffen»; die Autoren dürfen nur schreiben: «Israels nukleare Kapazität».

Die amtliche Doktrin lautet: Israel setzt im Nahen Osten nicht als erste Macht Atomwaffen ein. Aber Israel kann es sich nicht leisten, die zweite Macht zu sein, die nuklear auftritt. Das israelische Nukleararsenal wird auf mehrere 100 Sprengköpfe geschätzt. Bei den Trägern kann Israel jetzt schon auf Flugzeuge, Raketen und Unterseeboote zurückgreifen.

14 Tyr, 26. August 2006:
Der Eiertanz der UNO

«Der Sicherheitsrat fordert die Auflösung und Entwaffnung aller libanesischen und nicht-libanesischen Milizen; er unterstützt die Ausweitung der Kontrolle der Regierung Libanons auf das gesamte libanesische Hoheitsgebiet.» (UNO-Resolution 1559, 2. September 2004)

«Zwischen der Blauen Linie und dem Litani-Fluss soll eine Zone errichtet werden, in der sich ausser den libanesischen und den UNIFIL-Truppen keine Bewaffneten aufhalten oder Waffen und sonstige Anlagen vorhanden sein dürfen.» (UNO-Resolution 1701, 11. August 2006)

«Der Revolutionär muss sich in den Volksmassen bewegen wie ein Fisch im Wasser.» (Mao Tse-Tung)

UNIFIL-2, die verstärkte Friedenstruppe der Vereinten Nationen im Südlibanon, nimmt langsam Gestalt an. Die französischen Streitkräfte stocken ihren Bestand auf und behalten das Kommando bis zum Februar 2007. Dann soll ein italienischer General die Befehlsgewalt übernehmen. Italien hat das stärkste Kontingent versprochen, wie überhaupt die Europäische Union den Hauptharst stellen soll. Die Vereinigten Staaten und Grossbritannien haben früh abgewunken – zu stark sind die beiden Nationen im Irak und in Afghanistan engagiert. Spanien wird helfen, und Deutschland soll die Logistik stellen. In ihren Abschnitten verharren im Moment noch die Bataillone aus Indien und Ghana.

Unmöglicher Auftrag

Zwischen der israelischen Grenze und dem Litani wartet eine *mission impossible*, ein nur schwer zu erfüllender Auftrag, auf die UNIFIL-2. In der Sprache der Vereinten Nationen heisst die libanesische Südgrenze «Blaue Linie»; als solche ist sie auch auf der präzisen Karte der UNO eingezeichnet, die den Verlauf der Waffenstillstandslinie im Massstab 1:50 000 festhält.

Am 11. August 2006 postulierte der Sicherheitsrat der Vereinten Nationen in seiner Resolution 1701: «Zwischen der Blauen Linie und dem Litani-Fluss soll eine Zone errichtet werden, in der sich ausser den libanesischen und den UNIFIL-Truppen keine Bewaffneten aufhalten oder Waffen und sonstige Anlagen vorhanden sein dürfen.»

Gewaltiger Anspruch

Das ist ein gewaltiger Anspruch, dem die Friedenstruppe wohl kaum gerecht werden kann. Wenn es im Südlibanon ausser den Truppen der libanesischen Armee und der UNIFIL keine Bewaffneten mehr geben soll, dann müsste die Hisbollah ihre Waffen niederlegen und abgeben. Wenn keine sonstigen Anlagen – damit sind militärische Einrichtungen gemeint – vorhanden sein dürfen, dann müssten die Hisbollahi ihre Festungen, Waffendepots, Raketenstellungen, Verbindungstunnels und Kommandoposten zerstören.

Der Fisch im Wasser

Die Hisbollah denkt nicht daran. Scheich Nasrallah weiss zu gut, dass weder die libanesische Armee noch die UNIFIL gewillt ist, seine «Gotteskrieger» zu entwaffnen und die noch intakten Anlagen zu schleifen. Er kennt den starken Anteil schiitischer Soldaten im Fussvolk der Staatsarmee, und er baut darauf, dass französische und italienische Truppen die bewaffnete Konfrontation mit der Hisbollah scheuen.

Die Hisbollahi bewegen sich im Südlibanon wie Mao Tse-Tungs Fisch im Wasser. Vom Mittelmeer bis Bint Jubeil – dort, wo die Grenze den 90-Grad-Winkel macht – verläuft die ECHO-Strasse der Vereinten Nationen. Vom UNO-Hauptquartier bis Bint Jubeil misst sie 28 Kilometer; sie durchquert dabei 14 Ortschaften.

Wohlhabende Christen

Fünf Dörfer präsentierten sich vor dem 12. Juli 2006 als wohlhabende Gemeinschaften – aufgeräumt, sauber, mit stattlichen Häusern und Frauen in westlicher Kleidung. Es sind dies die christlich-maronitischen Ortschaften Alma Achaab, Rmeich, Hanin, Yaroun und Ayn Ibil, letzteres schön gelegen im Aufstieg gegen Nordosten. Vor dem Krieg vermuteten die Beobachter, dass die Hisbollah die Christendörfer noch nicht unterwandert hatte. Im Christengebiet fanden sich weder Hisbollah-Fahnen noch Nasrallah-Plakate. Zu sehen waren Marienstatuen und das Porträt des Phalange-Führers Baschir Gemayel, den der syrische Geheimdienst am 14. September 1982 getötet hatte.

Widerstand in Ayn Ibil

Im Krieg stellte sich indessen heraus, dass sich die Hisbollah auch in den Christendörfern verschanzt hatte. Die «Gotteskrieger» leisteten den vorrückenden israelischen Bodentruppen auch aus Ortschaften wie Ayn Ibil hartnäckigen Widerstand; in Ayn Ibil und Yaroun erlitten die Israeli Verluste. Die maronitischen Ortschaften wurden so wenig von Zerstörungen verschont wie die muslimischen.

Von den neun muslimischen Orten sind drei mehrheitlich sunnitisch: El Boustan, Em El Tout und Marwahin. Sie machten vor dem Krieg einen ärmlichen Eindruck. An der Plakatfront dominierte das Bild von Rafik Hariri, der am 14. Februar 2005 in Beirut bei einem Anschlag auf seine Wagenkolonne umgekommen war. Der Baumeister und Regierungschef Hariri war das Idol der Sunniten gewesen.

Marwahin – wo alles begann

Auch aus den sunnitischen Dörfern heraus operierte die Hisbollah. Marwahin liegt unmittelbar bei der Stelle am Grenzzaun, an der die Hisbollahi am 12. Juli 2006 Ehud Goldwasser und Eldad Regev entführten. In und um Marwahin lieferte die Hisbollah den Israeli schwere Gefechte, die auf beiden Seiten Opfer forderten. Wie in Khiam missbrauchten die Hisbollahi auch in Marwahin den UNO-Posten für Täuschung, Tarnung und Deckung.

Khomeiny, Chamenei, Nasrallah

Sechs Ortschaften sind schiitisch: Al Duhayra, Yarin, Ramya, Ayta Achaab, Maroun-al-Ras und Bint Jubeil, die «Hauptstadt» der Befreiung. Von der Anmutung her können sie es mit einem Maronitendorf wie Ayn Ibil nicht aufnehmen. In den Strassen und Gassen beherrschen gelbe Hisbollah-Fahnen und überlebensgrosse Khomeiny-, Chamenei- und Nasrallah-Plakate das Bild.

Denkmäler erinnern an den Widerstand in den Jahren 1982 bis 2000. An einem Ort ist sogar ein «doppelter» Beutepanzer aufgestellt. Die Israeli erbeuteten den ursprünglich syrischen T-55 im Sechstagekrieg von 1967; doch während der Hisbollah-Résistance nach 1982 fiel der Tank in arabische Hand zurück.

Klimatisierte Bunker

Den stärksten und verlustreichsten Widerstand leistete die Hisbollah entlang der Grenze in ihren Hochburgen Bint Jubeil und Ayta Achaab. Bint Jubeil war nach israelischen Berichten schon erobert – bis sich herausstellte, dass die Hisbollah aus Festungen und Tunnels weiterkämpften. Nachdem die Stadt teilweise geräumt war, entdeckten die Israeli unter dem Boden komfortable Anlagen, die teilweise sogar klimatisiert waren. In den Bunkern waren riesige Waffenlager verborgen; und sie waren mit modernen Funk- und Telefonanlagen ausgerüstet.

Am Litani und über den Litani

In diesem Umfeld soll eine waffenfreie Zone entstehen. Das mutet wie Hohn und Spott an. Hinzu kommt, dass Iran und Syrien bereit sind, das Hisbollah-Arsenal wieder aufzustocken.

Offenbar ist – ausser Israel – keine Macht bereit, die syrische Grenze abzuriegeln. Syrien verwahrt sich dagegen, und das Gelände im Grenzland ist so zerklüftet und unübersichtlich, dass der Waffenschmuggel nur schwer zu unterbinden ist – vom Nachrücken motivierter Kämpfer ganz zu schweigen.

Schwierig nimmt sich der UNIFIL-Auftrag auch oben am Litani aus. Sieben von zehn Hisbollah-Raketen kamen im Krieg aus dem Streifen nördlich und südlich des Flusses. Der Landstrich gehört zum Operationsgebiet der Vereinten Nationen, dessen nördliche Begrenzung der Litani bildet.

Über den Litani hinaus trägt die UNO keine Verantwortung. Doch längst verfügt die Hisbollah über Raketen, mit denen sie Israel auch aus dem Bergland um den Marktflecken Nabatiye acht Kilometer vom Litani entfernt treffen kann.

15 Gaza, 28. August 2006: Die vergessene Front

«Wir fragen nicht, unter welchem Namen
das Haus im Grundbuch eingetragen ist.
Wir bombardieren das Haus.»
(Amir Peretz)

Am 25. Juni 2006 geschah an der Grenze zum Gaza-Streifen für die israelische Führung das Unfassbare. Eine kleine Gruppe von palästinensischen Fedayin griff auf israelischem Territorium einen israelischen Posten an. Die Angreifer töteten zwei Israeli und entführten einen Unteroffizier, den 19-jährigen Korporal Gilad Shalit.

Operation «Sommerregen»

Die Palästinenser hatten einen mehrere hundert Meter langen Tunnel unter dem Grenzzaun gegraben, ohne dass die israelische Armee oder der Inlandgeheimdienst Shabak die unterirdische Arbeit entdeckten. Der Tunnel verlief neun Meter unter der Grenzanlage und diente den Fedayin dazu, auf israelisches Gebiet vorzudringen und Korporal Shalit zu entführen.

Die israelische Regierung reagierte hart auf den Anschlag. Sie verlangte von den Fedayin, Shalit sei bis zum 28. Juni freizugeben. Nachdem das Ultimatum abgelaufen war, eröffneten die israelischen Streitkräfte die Operation «Sommerregen». Der Generalstab hatte den Decknamen gewählt, weil an der Levante niemand voraussagen kann, wie stark der Sommerregen fällt und wie lange er jeweils dauert.

Luftwaffe, Panzer, Artillerie

Die israelische Luftwaffe setzte vom 28. Juni an Kampfflugzeuge, Cobra- und Apache-Helikopter ein. Gezielt wurden im Gaza-Streifen Brücken zerstört und Kraftwerke angegriffen. Stützpunkte der Hamas gerieten unter Beschuss. Zerstörungen wurden auch in Städten, Dörfern und Flüchtlingslagern angerichtet.

Im Süden und im Norden marschierten Panzerverbände in das palästinensische Territorium ein, das der damalige Premierminister Sharon vom 15. August bis zum 12. September 2006 geräumt hatte. Auf breiter Front gelangte die israelische Artillerie zum Einsatz. Die Hauptlast trugen wie immer die 155-Millimeter-Panzerhaubitzen vom Typ M-109.

Mit eiserner Faust

Vom 25. Juni an verfolgten die israelische Regierung und der Generalstab im Gaza-Streifen mit erheblichem Aufwand drei Ziele:

Erstens sollte der Hamas-Führung drastisch vor Augen geführt werden, dass Israel eine Aktion wie den Tunnelbau und die Entführung eines Unteroffiziers nicht zulässt. Der Überfall auf den Grenzposten war mehr als ein Nadelstich, er provozierte die israelischen Streitkräfte direkt.

Zweitens sollten die Strukturen der Hamas materiell und personell zerschlagen werden. Vom 28. Juni an drangen israelische Commando-Truppen in den Gaza-Streifen ein. Sie nahmen Hamas-Führer fest und machten auch vor Ministern nicht Halt. Festgenommen wurden Hamas-Abgeordnete auch im Westjordanland.

Drittens wollten Ministerpräsident Olmert und Verteidigungsminister Peretz beweisen, dass auch sie zu einer militärischen Operation fähig waren, obwohl sie über keine operative Erfahrung verfügten. Peretz liess sich zum Ausruf hinreissen: «Wir fragen nicht, unter welchem Namen das Haus im Grundbuch eingetragen ist. Wir bombardieren das Haus.»

Viertens sollte Korporal Shalit befreit werden – getreu dem Grundsatz, dass die israelische Armee einen Gefangenen nie im Stich lässt.

«Einmal so richtig aufräumen»

Dann brach der Krieg im Norden aus. Der israelische Generalstab setzte fortan das Gros der Streitkräfte an der Libanon-Front ein. Doch er vernachlässigte den Kampf im Süden nicht. Die hart bedrängte Hamas erfuhr keine Entlastung. Im Gegenteil: Wie ein hochrangiger israelischer Offizier in der Zeitung *Maariv* darlegte, könne Israel in Gaza «nun einmal so richtig aufräumen». Der Hamas werde ein schwerer Schlag versetzt.

Seit dem 28. Juni werfen israelische Flieger Bomben auf Häuser, in denen die Armee Waffen, Spreng-

stofflabore oder Hamas-Kämpfer vermutet. Sondereinheiten durchkämmen in den Flüchtlingslagern die engen Gassen. Im Camp Mughazi kamen 15 Palästinenser
um, in Jebalaya acht. Jebalaya ist das elende Lager nördlich von Gaza, wo am 8. Dezember 1987 die erste Intifada ausbrach, die zu den Geheimverhandlungen von
Oslo führte.

Raketen auf Sderot und Ashkalon

Im Süden setzt die israelische Armee Kampf- und Ge-
niepanzer ein. Beim Grenzübergang Rafah suchen die
Pioniere den Tunnel, durch den die Hamas Waffen von
Ägypten nach Gaza schmuggelt. Im Streifen selbst
stellt die Hamas primitive Kassam-Raketen her. Die Geschosse sind ungenau und fliegen nicht weit. Doch sie
reichen aus, um am Tor zum Negev die Entwicklungs-
stadt Sderot zu terrorisieren.

Immer wieder beschiesst die Hamas auch die
Kibbuzim entlang der Gaza-Grenze, so Nahal Oz und
Erez. Selbst die Stadt Ashkalon am Mittelmeer liegt in
der Schussweite der Kassam-Raketen. So wenig es den
israelischen Streitkräften gelang, im Südlibanon die
Raketenwerfer der Hisbollah auszuschalten, so wenig
vermochten sie die Kassam-Gefahr ganz zu bannen.
Die Ironie des Schicksals will es, dass der erfolglose
Verteidigungsminister Peretz seine politische Lauf-
bahn als Bürgermeister von Sderot begann.

Die Bevölkerung von Gaza lebt in Not. Der Gaza-
Streifen besteht zur Hauptsache aus Sand und Dünen,
nur ein Achtel der Fläche ist landwirtschaftlich nutz-

bar. Der Streifen ist nur 40 Kilometer lang und zwischen 6 und 14 Kilometer breit. Er ist regenarm, heiss und feucht. Vor allem aber ist er dicht besiedelt. Nach palästinensischer Statistik leben im Streifen 1,5 Millionen Menschen. Sie drängen sich auf knapp 360 Quadratkilometern.

Die Geburtenrate ist hoch. Die Hälfte der Bevölkerung ist jünger als 15 Jahre, die Einwohnerzahl verdoppelt sich beim jetzigen Wachstum alle 20 Jahre. Gaza gehört zu den ärmsten Regionen der Welt. Ein Grossteil der Bevölkerung sind Flüchtlinge oder Kinder und Kindeskinder von Flüchtlingen.

«Verlassen Sie ihr Haus!»

Strom wird in Gaza nur noch stundenweise geliefert. Wasser fliesst noch zu bestimmten Tageszeiten – die Pumpen verbrauchen zu viel Strom. Israel warnt die Bevölkerung davor, Waffen zu verstecken oder Hamas-Kämpfern Unterschlupf zu gewähren. Laut Peretz gibt es im Kampf mit der Hamas und der Hisbollah keine «Unbeteiligten» mehr.

Israel bemüht sich, die Zahl der Toten und der Verletzten in der zivilen Bevölkerung tief zu halten. Über Gaza wirft die Luftwaffe Flugblätter ab. In arabischer Sprache fordern die Handzettel die Palästinenser auf, Waffen und Munition in den Häusern sofort zu zerstören: «Wer die Weisung nicht befolgt, muss Konsequenzen gewärtigen.»

Regelmässig erhalten Einwohner von Gaza Telefonanrufe. Die israelische Armee fordert über Telefon

Palästinenser auf, ihre Häuser zu verlassen. Wer nicht pariert, bekommt einen zweiten Anruf: «Das ist kein Witz, räumen Sie endlich ihr Haus», sagt eine Frauenstimme auf arabisch. Es kann vorkommen, dass wenige Minuten nach der zweiten Warnung ein israelisches Geschoss einschlägt.

Lernt Hamas von Hisbollah?

In Gaza wehen neben den grünen Flaggen der Hamas die gelben Fahnen der Hisbollah. Längst ist Scheich Nasrallah auch unter den Palästinensern zum Idol geworden: Wer den Israeli 33 Tage lang widersteht, ist ein arabischer Held. Nasrallahs Porträt hängt hundertfach in den Strassen von Gaza, die Compact Disc mit seinen Reden findet für ein paar Schekel reissenden Absatz.

Lernt die Hamas vom militärischen Erfolg der Hisbollah? In der Zeitung *Haaretz* schreibt Khaled Shawish, ein Mitgründer der Al-Aksa-Brigaden, Palästina müsse die Raketen beschaffen, welche die Hisbollah so erfolgreich einsetze: «Irgendwann findet die Katjuscha ihren Weg ins Westjordanland.»

Ein anderer Sprecher der Brigaden lässt verlauten, Raketenangriffe erforderten weniger «Aufwand» als Selbstmordattentate; aber sie zeitigten das gleiche verheerende Ergebnis. *Al Quds*, die arabische Zeitung von Jerusalem, bringt eine Karikatur, auf der eine Rakete über die israelische Sperranlage hinwegfliegt – Legende: «Damit hat Israel nicht gerechnet.»

16 Jerusalem, 30. August 2006: Israels bitteres Erwachen

«Wir kontrollierten Identitätskarten an Strassensperren. Wir drangen in Schlafzimmer ein. Wir jagten Halbwüchsige durch Gassen. Wir zerstörten Tausende von Häusern – und wir wussten, dass das der Vorbereitung auf den Krieg nicht diente.»
(Gideon Levy, «Haaretz»)

Die bitterste Bilanz zogen nach dem zweiten Libanon-Krieg die israelischen Reservisten. Zu Recht warfen sie der Regierung und dem Generalstab vor, sie seien ungenügend vorbereitet ins Feuer der Hisbollah geschickt worden.

Schutzwesten privat gekauft

Die Beschwerden der Reservisten konzentrierten sich auf drei Kritikpunkte:

Sie beanstandeten erstens, dass ihre Vorbereitung auf den Krieg sträflich vernachlässigt worden sei, seit am 28. September 2000 in den besetzten Palästinensergebieten die zweite Intifada ausgebrochen war. «Wir bewachten Siedlungen im Westjordanland und übten nicht mehr für unseren eigentlichen Auftrag, den Kampf», beschwerte sich nach dem Krieg ein frustrierter Panzersoldat.

Die Reservisten gaben – zweitens – unumwunden zu, dass viele von ihnen körperlich ungenügend trainiert in den Krieg zogen: «In unseren jährlichen Dienstleistungen standen wir nur noch auf Wachttürmen und an Strassensperren herum. Wir vernachlässigten das Training und waren den enormen Strapazen teils nicht mehr gewachsen.»

Drittens warfen die Reservisten der Armeeführung vor, diese haben sie schlecht ausgerüstet ins Gefecht geschickt: «Nur die regulären Einheiten besassen neue Helme und die Schutzwesten, die im Nahkampf Leben retten können. Wir sammelten Geld im Ausland, um Schutzwesten zu kaufen. Das darf nicht sein.»

Schutzraumpflicht bewährt sich

Positiv bewertet wird in Israel der Zivilschutz. Seit langem kennt das Land die Schutzraumpflicht. In vielen Ortschaften wurden Gemeinschaftsbunker gebaut, und namentlich in Grenznähe schützten Unterstände auch in Privathäusern die Bevölkerung. Ein effizientes Warnsystem – beruhend auf raschen Abschussmeldungen, einem dichten Sirenennetz und zahlreichen Lautsprechern – rettete Unzähligen das Leben.

Rund 4000 Hisbollah-Geschosse schlugen in 33 Tagen in Nordisrael ein. 53 Menschen kamen um, 250 wurden schwer verletzt. Von den 53 Todesopfern wurden 41 – fast 80 Prozent – im Freien getroffen. Die anderen zwölf erlitten den Tod in Gebäuden, die ungenügend geschützt waren.

Für die Bevölkerung von Nordisrael stellten die Hisbollah-Raketen und die Unfähigkeit der eigenen Streitkräfte, die gegnerischen Raketenwerfer auszuschalten, eine schwere Bedrohung dar.

Werfer noch schneller bekämpfen

Die israelische Luftwaffe sucht nun Verfahren, mit denen sie die Werfer noch schneller treffen kann. Die Zeit zwischen dem Entdecken des Werfers und seiner Bekämpfung soll noch einmal reduziert werden.

Zudem beschleunigt die israelische Industrie die Entwicklung von Raketen zur Raketenabwehr. Gegen Mittelstreckenraketen hat sie die Chez-2-Rakete mit Erfolg erprobt. Vom Luftwaffenstützpunkt Palmachim südlich von Tel Aviv aus feuerte die Armee mehrmals Chez-2-Geschosse ab, die Attrappen trafen, welche der iranischen Shihab-4 nachgebaut waren.

Sehr viel schwieriger wird es, Raketen gegen Kurzstreckengeschosse wie die Katjuscha oder die kleineren Fadr-Typen zu entwickeln. Diese sind nur schwer zu treffen und kommen in Salven.

94 Treffer in 34 Minuten

Die israelische Luftwaffe schlug am ersten Kriegstag hart gegen die Stützpunkte zu, welche die Hisbollah für die Mittelstreckenraketen errichtet hatte. In nur 34 Minuten zerstörten die Flieger am 12. Juli 2006 bei eigener Luftüberlegenheit 94 Stellungen. Der Geheimdienst hatte exakt gearbeitet, und die F-16-Piloten stellten ihr Können unter Beweis.

Anderseits gelang es der Luftwaffe nicht, die Zahl der Katjuscha-Angriffe auf Nordisrael zu reduzieren. Im Gaza-Streifen bekämpft sie seit dem Jahr 2000 Einzelziele präzis. Im Südlibanon reichte die Aufklärung dafür nicht aus.

Brigadegeneral Rami Shmueli steht dem Nachrichtendienst der Luftwaffe vor. Er wies seine Untergebenen an, sie sollten Scheich Nasrallahs Fernsehansprachen nicht mehr auswerten; diese führten Israel nur in die Irre. Einmal warfen F-16-Staffeln 23 Tonnen Bomben auf ein Gebäude in Beirut. Das Ziel war Nasrallah; aber er war längst nicht mehr dort.

Zwei Mossad-Ringe geknackt

Die israelischen Nachrichtendienste harmonierten im Krieg besser als sonst. Der zähe Widerstand der Hisbollah zwang den Auslandgeheimdienst Mossad, die Inlandabwehr Shin Bet und den Nachrichtendienst der Armee, ihre Rivalitäten zu überwinden.

Der Mossad hatte zwei Agentenringe in die Hisbollah eingeschleust. Der erste Ring lieferte Nachrichten aus dem Hisbollah-Hauptquartier in Beirut. Sein Chef war der Schiit Faisal Mukleid, der den Agenten monatlich 500 Dollar bezahlte.

Der zweite Ring operierte im Südlibanon vom Dorf Itrun aus, das an der Grenze gegenüber dem Kibbuz Yaron liegt. Sein Chef war Mahmud Gemayel. Die Agenten sprühten eine Phosphor-Lösung vor die Hisbollah-Kommandoposten und bezeichneten so die Ziele für die israelische Luftwaffe und Artillerie. Der

Mossad deponierte seine Weisungen an einer genau bezeichneten Stelle am Grenzzaun nördlich von Yaron. Der zweite Ring umfasste 20 Agenten. Diese hatten bis zum Mai 2000 in der pro-israelischen «Südlibanesischen Armee» gekämpft.

Die Hisbollah-Führung entdeckte im Krieg, dass Agenten ihre Pläne verrieten und die Kommandoposten markierten. Sie hob die beiden Ringe aus und versetzte dem Mossad einen empfindlichen Schlag.

Raketen gegen Panzer

Die israelischen Bodentruppen zählen zu den Verlierern des Kriegs. Die widersprüchlichen Anordnungen der Regierung und des Generalstabs warfen namentlich die Panzerverbände zurück; negativ wirkte sich auch das teilweise mangelhafte Training aus.

Der Generalstab bot die Reservisten zu spät auf; in drei, vier Tagen war der Rückstand nicht mehr aufzuholen. Als dann die Regierung den Stoss an den Litani-Fluss endlich befahl, war es zu spät. In der Schlacht am Saluki, einem Wasserlauf südlich des Litani, opferte die Panzerbrigade 401 unnötig noch einmal ein Dutzend Soldaten – unmittelbar vor der Einstellung des Feuers.

Die Kommandanten der Panzerverbände hatten das Hisbollah-Arsenal unterschätzt. Die Hisbollahi führten russische Sagger-, Cornet- und Fagot-Panzerabwehrraketen ins Gefecht; zusätzlich setzten sie französische Milan-Raketen und amerikanische TOW-Geschosse ein.

Insgesamt setzte die israelische Armee im Südlibanon rund 400 Kampfpanzer ein, in aller Regel den Merkawa mit seinem eindrücklichen Einsteckvermögen. Die Hisbollah feuerte mehrere 1000 Panzerabwehrraketen ab.

Brigadegeneral Halutsi Rudoy befehligt die israelischen Panzertruppen. Er berichtet, «mehrere Dutzend Panzer» seien getroffen worden. Doch nur bei 20 Kampfwagen schlugen die Raketen durch. Auf dem Gefechtsfeld blieben relativ wenige Panzer liegen, 40 Tanks wurden repariert, 30 Panzersoldaten starben.

Nach den Regeln der Guerilla

Die Hisbollah setzte Panzerabwehrraketen auch gegen Infanterieziele ein. Sagger-, Cornet-, Fagot-, Milan- und TOW-Geschosse zerstörten Häuser, in denen sich israelische Grenadiere und Sondereinheiten verschanzt hatten. Im Kampf um das Dorf Dbil, in der Nähe von Bint Jubeil, tötete die Hisbollah mit Raketen neun israelische Reservisten.

Die Hisbollah befolgt die Regeln des Guerillakriegs. Sie verfügt weder über Flugzeuge noch über Kampfpanzer noch über weitreichende Artillerie. Doch besass sie im Krieg Stützpunkte in mehr als 100 Dörfern. Sie legte Minen und bereitete Hinterhalte vor.

Ihre Führung war auch fähig, Truppen zu konzentrieren. Als die Israeli zum Stoss an den Litani ansetzten, wartete die Nasser-Brigade, der stärkste Verband der Hisbollah, mit mehreren 1000 Mann in gut befestigten Stellungen auf den Angriff.

Schwere Vorwürfe erhoben israelische Panzer-
offiziere an die Adresse der Regierung, weil diese vor
dem Krieg die Entwicklung des Trophy-Systems unterbunden hatte. Die Firma Rafael wollte der Armee ein
System liefern, das die Panzer vor den Raketen geschützt hätte. Doch die Regierung wollte sparen und
verzichtete auf Trophy.

Inakzeptable Plünderungen

Schlecht schneidet in der Bilanz die Logistik ab. Vor
allem Reservisten beklagen den mangelnden Nachschub an Wasser und Lebensmitteln. In einzelnen Dörfern plünderten israelische Soldaten Geschäfte – für
die israelische Armee ein absolut inakzeptables und
schändliches Verhalten.

Ein Reservist berichtete, er habe geahnt, dass der
Nachschub versagen würde. Er habe deshalb amerikanische Dollarnoten mitgenommen: «So konnten wir
wenigstens in verlassenen Häusern ein paar Noten
hinlegen, nachdem wir dort gegessen hatten.»

Generalmajor Avi Mizrachi steht im Generalstab
dem Grundbereich Logistik vor. Er lastet der Regierung an, sie spare die Streitkräfte zu Tode: «Wir setzten
die knappen Finanzen für die Verbände ein, die in Gaza
und im Westjordanland an der Front stehen. Jetzt tragen die Truppen im Südlibanon die Folgen.»

Wie Reservisten anmerken, gründen die Mängel
in der Logistik indessen nicht nur im Sparkurs der
Regierung. Organisatorische Mängel verschärften die
Not. Es fehlte an der Koordination des Nachschubs. -

Namentlich zwischen den Kampftruppen und der Logistik war das Zusammenspiel zu lange nicht mehr erprobt worden. Die ausgedehnten Bewachungsdienste in Siedlungen beeinträchtigten die Kriegsvorbereitungen der Kombattanten.

Überdies erschwerte die Hisbollah den israelischen Nachschub nachhaltig. Am Boden waren nicht alle Strassen sicher – von den vermeintlich eroberten, aber nicht gesäuberten Dörfern ganz zu schweigen. In der Luft konnten sich die Nachschubhelikopter nicht frei bewegen.

Wie ein Bericht eines israelischen Soldaten belegt, musste eine ausgehungerte, durstige Mineur-Kompanie tief im Feindesland mitansehen, wie die Hisbollah mit einer Rakete einen CH-53-Hubschrauber abschoss, der die Einheit hätte versorgen sollen.

«Freundliches Feuer»

Mangelhaft war das Zusammenwirken von Panzer- und Infanterietruppen mit der Artillerie. Seit dem Ausbruch der zweiten Intifada waren nicht mehr in allen Kampfverbänden die Absprachen mit den Schiesskommandanten eingespielt worden. Zu viele israelische Soldaten fielen durch «freundliches Feuer». Der Generalstab zieht jetzt Konsequenzen: Er will die Freund-Feind-Unterscheidung technisch und übungsmässig verbessern.

Schwierigkeiten mit dem Auseinanderhalten von «Rot» und «Blau» bekundete auch die Luftwaffe. Im Guerillakrieg sind die Fronten oft so verzahnt, dass es selbst den gut trainierten israelischen Piloten schwer fällt, Hisbollah-Kämpfer und -Stellungen von israelischen Truppen zu unterscheiden.

Volltreffer auf die *Hanit*

Vergleichsweise gut schneidet in den Bilanzen die israelische Marine ab. Im Mittelmeer hält sie die Seeblockade gegen den Libanon aufrecht. Es ist die umfassendste und längste Operation ihrer Geschichte. Fast alle ihre Schiffe sind daran beteiligt.

Einen Rückschlag erlitt die Marine am 14. Juli 2006. Um 20.15 Uhr traf ein iranischer Marschflugkörper vom Typ C-802 Silkworm die Korvette *Hanit*. Die *Hanit* ist die jüngste der drei von Northrop Grumman gebauten israelischen Korvetten der Saar-5-Klasse. Das C-802-Geschoss traf die *Hanit* am Heck und beschädigte sie so schwer, dass sie in den Hafen von Haifa zurückgeschleppt werden musste.

Die *Hanit* war im Begriff, mit ihrem 76-Millimeter-Geschütz den Flugplatz von Beirut zu beschiessen. Der Silkworm-Einschlag traf die Besatzung jäh. Vier Matrosen starben, andere wurden verletzt.

Der Kapitän hatte es unterlassen, das elektronische Barak-Raketenabwehrsystem aufzuschalten. Generalstabschef Halutz will mit einer Untersuchung die Fragen beantworten: Wussten der Mossad und der militärische Nachrichtendienst nicht, dass die Hisbollah die C-802 besass? Oder hielt er die Information zurück? Oder schenkte die Marineführung der Meldung zu wenig Aufmerksamkeit? Oder handelte der

Kommandant des Korvettenverbandes nachlässig? Oder versäumte der Kapitän der *Hanit* seine Pflicht? Oder war es der Offizier auf dem Schiff, der für die elektronische Abwehr zuständig war?

Bereits weiss man, dass der Mossad und der Armeegeheimdienst von der Hisbollah-Ausrüstung Kenntnis hatten. Bekannt ist auch, dass der Mossad die Marine schon im Jahr 2003 vor der Silkworm warnte. Am 14. Juli 2006 hatten die *Eilat* und die *Lahav*, die beiden anderen Korvetten der Saar-Klasse, ihr Barak-System aufgeschaltet. Die *Lahav* konnte eine Silkworm abwenden, die dann einen kambodschanischen Frachter traf.

Epilog:
Krieg oder Frieden?

*«Das israelische Volk hat das geschichtliche
Recht, überall im Staat Israel zu leben. Mir
geht es darum, Israel als jüdisches Heimat-
land zu erhalten. Das erfordert territoriale
Kompromisse, auch wenn diese schmerz-
haft sind.» (Ariel Sharon)*

*«Wir verhandeln mit den Palästinensern
nur, wenn sie Israels Existenzrecht voll an-
erkennen und sie den Terror vollständig be-
enden. Israel zieht sich aus den Territorien
nicht zurück.» (Benjamin Netanjahu)*

Vor mir liegt ein unscheinbares Wachsheft, wie man es
auf Reisen mit sich führt. Es enthält Notizen über Gespräche in Beirut und Tyr, Naquoura und Bint Jubeil,
Damaskus und Kuneitra, Amman, Jerusalem, Tel Aviv
und Rehovot, alle geführt im Zeitraum von einem Drei-
vierteljahr. Die Gespräche drehen sich alle um die Frage: Krieg oder Frieden? Ausgleich oder Konfrontation?
Widersprüchlicher könnten die Antworten nicht sein.
   Im Gespräch mit jungen Araberinnen und Ara-
bern keimte Hoffnung auf. Ich erinnere mich an die
Begegnung mit einem 26-jährigen syrischen Offizier

an der Stelle, wo Israel und Syrien am nächsten aneinander stossen: am BRAVO-Tor bei Kuneitra. Ein Lastwagen hatte gerade 50 Tonnen frische Äpfel von Golan-Bauern durch das Tor gebracht, die das Rote Kreuz syrischen Kindern zuführte.

Bei süssem Tee legte der Leutnant im Grenzposten seine persönliche Sicht dar. Im Gegensatz zur amtlichen Position hatte er sich damit abgefunden, dass der Staat Israel besteht: «Israel ist eine Tatsache. Machen wir das Beste daraus. Wir haben den festen Willen, den Golan zurückzuerlangen, aber mit friedlichen Mitteln, nicht mit Blut.»

Ich erinnere mich an den libanesischen Schiiten Nasser Lejan, der uns von der kinderreichen Familie berichtete, in der er aufgewachsen war: «Wir waren neun Geschwister. Während der israelischen Besatzung hatte jede Familie das Recht, einen Sohn oder eine Tochter nach Israel zur Arbeit zu schicken. Aus jedem Haus ging jemand zur Arbeit nach Naharija oder Haifa, Safed oder Kiriat Shmonah. Es war guter Verdienst, wir vermissen die Einkünfte aus Israel.»

Eindrücklich war die Begegnung mit der Frau eines jordanischen Offiziers in Amman. Die 35-jährige Pädagogin geht am Hof König Abdallahs ein und aus und steht der Königin Ranja nahe. Sie spricht perfekt arabisch und englisch und lernt jetzt hebräisch: «Israel existiert, wir können voneinander profitieren. Israel kann uns viel geben, ich denke an die Medizin, an die Landwirtschaft, an den Fremdenverkehr und an High Tech. Wir geben Frieden, wir geben Ausgleich, vielleicht schenken wir sogar Vertrauen.» Die junge Frau lebt selbstbewusst in einer der ältesten Notablenfamilien Jordaniens, die an der syrischen Grenze Güter besitzt und dem König traditionell Generäle stellt. Während unseres Besuchs erhielt die Familie Kunde vom Tod eines 80-jährigen Notablen. Er war im Hadassah-Spital von Jerusalem gestorben – die Familie hatte gehofft, dass die israelischen Ärzte dem alten Beduinen das Leben retteten.

Im Gegensatz dazu lehnte der Schwiegervater, ein Senator und altgedienter Panzergeneral, den Staat Israel ab. Im Juni 1967 hatte er in Kairo als Major und Verbindungsoffizier die Schmach der arabischen Niederlage erlebt: «Nasser war ein grosser Mann, aber Sadat ein Verräter. Es ist eine Schande, wie Israel die Palästinenser behandelt.»

Ein nüchternes Bild entwarf in Damaskus ein hochgestellter Diplomat, der als erfahrener Kenner der nahöstlichen Szenerie gilt. Noch vor dem Hisbollah-Krieg hielt er fest:

1. Syrien ist eine Diktatur ohne Diktator, nach innen gerichtet und wirtschaftlich schwach. Zur alawischen Herrschaft der Familie Assad besteht keine weltliche Alternative. Wenn das Alawiten-Regime stürzt, übernehmen die islamischen Fundamentalisten die Macht.

2. Libanon ist so labil wie eh und je.

3. Syrien findet sich mit dem militärischen Rückzug aus dem Libanon nicht ab. Es unterstützt die Hisbollah. Der Grenzverlauf zwischen Syrien und Libanon

bleibt verschwommen, Syrien betrachtet die Bekaa (ausser der christlichen Stadt Zahle) als syrisch.

4. Syrien bleibt mit Israel im Kriegszustand, solange Israel den Golan besetzt hält. Syrien meidet die militärische Konfrontation mit Israel.

5. Mit dem Irak verbindet Syrien eine 700 Kilometer lange Grenze quer durch die Wüste. Syrien kann und will die Grenze nicht abriegeln. Die Entwicklung im Irak treibt auf einen Bürgerkrieg zu.

6. Iran rüstet nuklear auf. Militärisch könnten nur Israel und die USA die Rüstung unterbinden. Die politischen Folgen eines Luftschlags wären unabsehbar.

7. Jordanien taktiert geschickt. König Abdallah hält sich aus den Konflikten heraus und schaut gut zu seinem Land.

Eine Bestätigung erhielten wir in Amman von einem engen Vertrauten des Ministerpräsidenten Marouf Bakhit.

Jordanien sorge für sich selbst. Seit 1988 laute die Devise: Jordanien – das heisst: Transjordanien – zuerst. Auf das Westjordanland und die Altstadt von Jerusalem erhebe der König keinen Anspruch mehr.

Mit dem Staat Israel könne Jordanien leben. Die jordanische Armee schütze die israelische Grenze vor Infiltration und suche auch die Grenze zum Irak abzuschotten, so gut das gehe.

Syrien und Libanon gäben zu Besorgnis Anlass. Syrien könne wie Saudi-Arabien dem Fundamentalismus anheim fallen. Im Libanon werde die Hisbollah erstarken. Für Israel verheisse das Krieg. Iran meine es

134

ernst mit der Drohung, Israel zu zerstören. Doch ein Militärschlag gegen Iran wolle gut überlegt sein.

Im Dezember 2005 erlebte ich zum letzten Mal Premierminister Ariel Sharon. Gezeichnet vom ersten Schlaganfall, verkündete er massig und müde noch einmal sein Credo: Er werde Israel als jüdische Heimstätte erhalten. Doch territoriale Kompromisse seien auch im Westjordanland nötig. Am 4. Januar 2006 erlitt Sharon den zweiten Hirnschlag, und der Krieg hat seither den Ansatz verschüttet, dass Israel in Samaria und Judäa weitere Siedlungen räumt.

Benjamin Netanjahu, der Oppositionsführer, vertrat schon Ende 2005 die harte Linie. Israel müsse an den Territorien festhalten. Mit den einseitigen Rückzügen aus dem Südlibanon und dem Gaza-Streifen habe Israel schwere Fehler begangen. Israel verhandle nicht mit den Palästinensern, solange diese die Existenz des jüdischen Staates ablehnten und Terror ausübten.

Schliessen will ich mit einer Begegnung im Weizmann-Institut von Rehovot. Das Institut gehört mit Harvard, dem Massachussetts Institute of Technology, dem Max-Planck-Institut und der ETH Zürich in den präzisen Wissenschaften zu den fünf führenden Forschungsstätten der Welt.

Professor Samuel Safran, Vizepräsident und Physiker, legte dar, wie sehr der Erfolg des Instituts auf Liberalität und kritischem Denken gründet: «Wir sind offen, wir denken und handeln urban. Stellen Sie sich vor, was wir im Frieden unseren Nachbarn geben könnten.»

Glossar

Aman
Agaf Modein. Militärische(r) Nachrichten(dienst). Geheimdienst der israelischen Armee.

CIA
Central Intelligence Agency. Amerikanischer Ausland-Geheimdienst. Beschafft Nachrichten, führt verdeckte Operationen durch.

Fatah
Harakat al-Tahrir al-Filastiniya (rückwärts gelesene Abkürzung). Bewegung zur Befreiung Palästinas.

Fedayin
Arabische Bezeichnung für Selbstmordgruppen, «jene, die sich selber opfern». Palästinensisch-arabische Guerilla- und Widerstandskämpfer gegen Israel.

Hamas
Harakat al-Muqawama al-Islamiya. Militante islamische Widerstandsbewegung. Gegründet in der Phase der ersten Intifada.

Hisbollah
Partei Gottes. Militante libanesisch-schiitische Terrororganisation mit militärischer, politischer und sozialer Komponente.

Intifada
Arabisch «Abschütteln». Palästinensischer Aufstand gegen die israelische Besatzung im Gaza-Streifen und im Westjordanland. Ausbruch der ersten Intifada im Dezember 1987. Zweite Intifada ab Ende September 2000, auch Al-Aksa-Intifada genannt.

Jihad
Heiliger Krieg; auch militante islamische Terror- und Untergrundorganisation.

Kibbuz

Genossenschaftliche Gemeinschaft auf freiwilliger Grundlage, auf Landwirtschaft, aber auch auf andere Gewerbe- und Industriezweige ausgerichtet. Erste Kibbuz-Gründung im Jahr 1909 in Deganyah.

Knesset

Hebräisch Versammlung. Das israelische Parlament. Die Bezeichnung leitet sich von Knesset Hagdolah (grosse Versammlung) ab. Die Knesset Hagdolah war die gesetzgebende Körperschaft der vorstaatlichen jüdischen Gemeinschaft in Palästina.

Matkal

Mate Klali. Generalstab der israelischen Streitkräfte.

Moschaw

Siedlung der Arbeiter. Bauerndorf mit privaten und kooperativen Elementen. Gründung der ersten Moschawim 1921. Aufschwung ab 1948, typische Siedlungsart für orientalische Einwanderer.

Mossad

Ha Mossad le Modein vele Tafkidim Mejuchadim. Zentrales Institut für Nachrichten und Sondereinsätze. Israelischer Auslandgeheimdienst.

Sayeret Matkal

Israelische Elite-Einheit für Einsätze hinter den feindlichen Linien.

Sayeret Shaldag

Israelische Elite-Einheit der Luftwaffe für Sondereinsätze.

Sayetet 13

Israelische Elite-Einheit der Marine für Sondereinsätze.

Schabak

Scherut Ha Bitachon Ha Klali. Allgemeiner Sicherheitsdienst. Israelischer Inland-Geheimdienst. Oft auch Schin Bet genannt.

UNIFIL

United Nations Interim Force in Lebanon. UNO-Friedenstruppe.

Literatur

Abu Toameh Khaled: Gaza caught in anarchy and thuggery. *Jerusalem Post*, 28. August 2006.

Alon Gideon: We did not know we only had 48 hours for expanded raid. *Haaretz*, 16. August 2006.

Alon Gideon: Most MKs back state inquiry. *Haaretz*, 21. August 2006.

Associated Press: UN to enter IDF control room. 29. Juli 2006.

Associated Press: Olmert rejects UNIFIL troops from countries without relations. 20. August 2006

Barel Zvi: Ground ops to continue. *Haaretz*, 14. August 2006.

Borgstede Michael: Im Schatten des Libanons. *Frankfurter Allgemeine Zeitung*, 8. August 2006.

DEBKA: Israeli forces pull out of Hizballah stronghold of Bin Jubeil Saturday. 29. Juli 2006.

DEKBA: After losing Bin Jubeil, Hizbollah avoids frontal encounters, switches to Guerilla tactics. 25. Juli 2006.

Eldar Avika: Olmert should stay. *Haaretz*, 14. August 2006.

Forster Peter: Operation «Sommerregen». *Schweizer Soldat* Juli 2006.

Forster Peter: Israels Antwort ist unerwartet heftig. *Südostschweiz am Sonntag*, 16. Juli 2006.

Forster Peter: Im Hisbollah-Land kann die UNO nur zuschauen. *Südostschweiz am Sonntag*, 16. Juli 2006.

Forster Peter: Bei Katjuscha-Alarm in den Bunker. *Südostschweiz am Sonntag*, 23. Juli 2006.

Forster Peter: Bomben auf Beirut – Raketen auf Haifa. *Schaffhauser Nachrichten*, 25. Juli 2006.

Forster Peter: Die Hisbollah leistet zähen Widerstand. *Südostschweiz am Sonntag*, 30. Juli 2006.

Forster Peter: Israels tückischster Militärkonflikt. *Südostschweiz am Sonntag*, 6. August 2006.

Forster Peter: Krieg der Bilder. *St. Galler Tagblatt*, 12. August 2006.

Forster Peter. Die Hisbollah wird zur stärksten Kraft. *Südostschweiz am Sonntag*, 13. August 2006.

Forster Peter: Israels durchzogene Kriegsbilanz. *Südostschweiz am Sonntag*, 20. August 2006.

Forster Peter: Israels unentschiedener Krieg. *Schweizer Soldat*, September 2006.

Harel Amos: Hezbollah claims it foiled IDF raid near Baalbek. *Haaretz*, 20. August 2006.

Hod Hachanit Brigade: Protestpetition. Hadera, 20. August 2006.

Israel Defense Forces: IDF Officer Killed in Helicopter Accident. 21. Juli 2006.

Israel Defense Forces: IDF Drops Leaflets in Gaza City. 25. Juli 2006.

Katz Yaakov: IDF Report Card. *Jerusalem Post*, 24. August 2006.

Kürsener Jürg: Volltreffer auf die Hanit. *Schweizer Soldat*, September 2006.

Levy Gideon: Fed up with the whiners. *Haaretz*, 27. August 2006.

Luttwak Edward: Misreading the Lebanon war. *Jerusalem Post*, 20.August 2006.

Mader Georg: «Bis zum letzten Libanesen». *Der Soldat*, 9.August 2006.

Mäder Horst: Die Hisbollah – eine mächtige Terrororganisation. *Schweizer Soldat*, September 2006.

Observer: Grenzenlose Missachtung oder gezielte Tötung? *Der Soldat*, 9.August 2006.

Rene: Ein Opfer für den Frieden. *Der Soldat*, 9.August 2006.

Schiff Zeev: The foresight saga. *Haaretz*, 11.August 2006.

Schiff Zeev: The IDF's victory is not enough. *Haaretz*, 15.August 2006.

Sievert Kaj-Gunnar: Im Rücken des Gegners. *Schweizer Soldat*, September 2006.

UNO-Sicherheitsrat: Resolution 1559. New York, 2. September 2004.

UNO-Sicherheitsrat: Resolution 1701. New York, 11.August 2006.

Dank

Wieder habe ich für mannigfache Hilfe Freunden und Vertrauten zu danken.

Zuerst danke ich dem Verleger, Hansrudolf Frey, der auch dieses Buch angeregt, betreut und begleitet hat. Arthur Miserez und Urs Helfenberger, beides erfahrene Fachmänner im Huber-Verlag, halfen mit, das Buch unter erheblichem Zeitdruck grafisch ansprechend zu gestalten.

Gabriele Debrot hat den Text mit der gewohnten Sorgfalt gelesen, auch sie mit der Uhr in der Hand.

Danken darf ich den Persönlichkeiten, die mir manch wertvolle Anregung gaben oder den Text kritisch unter die Lupe nahmen. Es sind dies: Peter Allemann, Marc Forster, Gabriel Gorodetzky, Walter Jertz, Jürg Kürsener, Ernst Mühlemann, Shimon Naveh, Franz Oexle und Aviv Shir-On.

Herzlich danke ich den Schweizer Militärbeobachtern im Nahen Osten, die uns im Libanon und auf dem Golan betreuten: Alexis de Courten, Hansjörg Fischer, Claudio Grass und Michael Iseli.

Kaj-Gunnar Sievert danke ich für das Manuskript, auf dem das Kapitel 7 beruht.

Andrea Masüger hat in verdankenswerter Art für das Buch Texte freigegeben, die zuerst für die *Südostschweiz am Sonntag* verfasst wurden.

Bildnachweis

Forster: 86, 87, 88, 89, 90 oben rechts, 94, 95 oben, 96

Israelische Armee: 90 oben links, 90 unten, 93

Österreichisches Bundesheer: 91 oben

Vereinte Nationen: 81, 82, 83, 84, 85, 91 unten, 92, 95 unten